《中国传统文化教育读本》编写组 编

主　编　段守政　侯廷宾

副主编　庞晓鹏　周丽芬　杨月芳　石建云

中国传统文化教育读本
——大学·中庸·孟子

河南大学出版社
HENAN UNIVERSITY PRESS

·郑州·

图书在版编目(CIP)数据

大学.中庸.孟子 /《中国传统文化教育读本》编写组编.—郑州：河南大学出版社，2017.10(2019.7重印)

(中国传统文化教育读本)

ISBN 978-7-5649-1160-7

Ⅰ.①大… Ⅱ.①中… Ⅲ.①儒家 Ⅳ.①B222.21

中国版本图书馆CIP数据核字(2017)第255072号

| 责任编辑 | 刘利晓 刘利婷 | 责任校对 | 陈 巧 |
| 封面设计 | 郭 灿 | | |

出版发行	河南大学出版社
	地址：郑州市郑东新区商务外环中华大厦2401号 邮编：450046
	电话：0371—86059701
	网址：www.hupress.com
排　版	郑州金点图文设计有限公司
印　刷	河南省诚和印制有限公司
版　次	2017年10月第1版	印　次	2019年7月第6次印刷
开　本	787mm×1092mm 1/16	印　张	13.75
字　数	148千字	定　价	32.00元

(本书在编写过程中，参考引用了一些资料、图片，取得了原作者的大力支持，在此谨表感谢，但因一些作者的地址不详，我们无法取得联系。敬请各位作者与我们联系，以便做出妥善处理。)

前 言

经典之所以称为经典,盖因其是古人智慧结晶之大成,是中华民族优秀文化传统之源泉。中国古代可称为"经"的著作,各家众说纷纭,但莫外乎"四书""五经"等。"四书"公认是《大学》《中庸》《论语》《孟子》。

第一,关于《大学》。《大学》即大人之学,讲的是修身、齐家、治国、平天下的大道理。《大学》开篇写道:"大学之道在明明德,在亲民,在止于至善。知止而后有定,定而后能静,静而后能安,安而后能虑,虑而后能得。物有本末,事有终始。知所先后,则近道矣。"这是《大学》全文的提要,也是全文的纲领。朱熹把《大学》分为"三纲",即明德、亲民、止于至善,以及"八目",即格物、致知、诚意、正心、修身、齐家、治国、平天下。朱熹认为"古人为学次第者,独赖此篇之存"。一个"独"字,充分说明了本篇文献的重要性。

第二,关于《中庸》。何为"中庸"?朱熹说:"中者,不偏不倚,无过不及之名。庸,平常也。"中庸之道即待人接物采取不偏不倚、调和折中的态度。《中庸》是儒家又一重要经典。相传《中庸》为子思所作。朱熹说:"《中庸》何为而作也?子思子忧道学之失其传而作也。盖自上古圣神,继天立极,而道统之传有自来矣。"

第三,关于《孟子》。《孟子》是记载孟子及其学生言行的一部书。与《论语》一样,《孟子》也是以记言为主的语录体散文,但它比《论语》

又有明显的发展。《论语》的文字简约、含蓄,《孟子》却有许多长篇大论,气势磅礴,议论尖锐、机智而雄辩。如果说《论语》给人的感觉是仁者的谆谆告诫,那么《孟子》给人的感觉就是侃侃而谈,对后世的散文写作产生了深刻的影响。南宋朱熹把《孟子》列入了"四书",正式把《孟子》提到了非常高的地位。元、明以后《孟子》又成为科举考试的内容,更是读书人的必读书了。

融经典于校园,育美德于无形,一向是我校校园文化润泽工程里的重要内容,也是一项基础性奠基工程。国学是中华文化的经典文学,是中华文明的无上瑰宝。国学经典教育进校园,让博大精深的国学文化走进中职生课堂,让全体学生切身感受到中华优秀传统文化的魅力,溯源固本,修身正行,有助于提升全体学生文化素养和道德修养,有助于学校教育教学管理,有助于培养职专生"厚德立身,技强利世"的职专精神和工匠精神。

为使我校学生更乐于接受中华传统文化,使国学经典走进学生心中,落地生根,发芽成长,结合职业学校学生实际,我校国学教研组相继编写了《弟子规》《孝经》《论语》等教材读本。为丰富国学教育内容,也为构建我校国学教材体系,国学教研组又编写了《大学·中庸·孟子》一书。

本书由段守政、侯廷宾担任主编,庞晓鹏、周丽芬、杨月芳、石建云担任副主编。全书由侯廷宾主审,具体分工为:《大学》由侯廷宾辑稿,《中庸》由周丽芬(1~17章)、庞晓鹏(18~33章)辑稿,《孟子》由杨月芳(《梁惠王章句》上下、《公孙丑章句》上下、《滕文公章句》上下)和石建云(《离娄章句》上下、《万章章句》上下、《告子章句》上下、《尽心章句》上下)分别辑稿。各位参编人员翻阅大量古籍,字、词、句、段、篇认真考证,力求正确无误,结合现代实际,精心编写注释、译文阐述,争取通俗易懂。

但由于时间紧且编写组成员水平有限,书中定有言不尽意、词不达意之处,敬请各位同人斧正,共同努力,为传播中华优秀传统文化贡献绵薄之力!

编者
2017年6月

大　学	……………………………………	1
中　庸	……………………………………	31
孟　子	……………………………………	87

大 学

　　《大学》是儒家基本经典之一，原为《礼记》中的一篇，相传为曾子所作，近代许多学者认为其是秦汉之际儒家作品。《大学》全面总结了先秦儒家关于道德修养、道德作用及其与治国、平天下的关系。

　　南宋朱熹把它与《论语》《孟子》《中庸》合称"四书"。

　　所谓《大学》就是讲治国安邦的"大学"，是大人之学。它讲的是修身、齐家、治国、平天下的道理。大学分"三纲"，即明德（美好的德行）、亲民（与民亲近）、至善（达到善的至高境界）；"七证"，即知、止、定、静、安、虑、得；"八目"，即格物（探究事物原理）、致知（获得知识）、诚意（使心意诚实）、正心（端正内心）、修身（修养自身）、齐家（管理家庭）、治国（治理国家）、平天下（天下太平）。

　　《大学》通篇仅有两千多字，但却是儒家人生教育的总体框架。它将道德修养与社会政治完美地结合在了一起，是儒家管理社会思想的全面体现。

1　大学之道①在明明德②,在亲民③,在止于至善④。知止而后有定⑤,定而后能静⑥,静而后能安⑦,安而后能虑⑧,虑而后能得⑨。物有本末⑩,事有终始⑪。知所先后⑫,则近道矣。

注　释

① 大:旧音 tài。道:在此相当于"宗旨"。

② 明明德:使德显明。明德:光明的德行。

③ 亲民:与民亲近。

④ 止于至善:以至善为立足点、行动原则和最终归宿。

⑤ 知止:知道如何立足,知道行动原则,知道最终归宿。有定:有坚定而正确的心态和方向。

⑥ 静:心的宁静,不浮躁妄动。

⑦ 安:心安于所处之事、所处之位。

⑧ 虑:通过思考而加以选取。

⑨ 得:处事得宜。

⑩ 物:事物。本末:本来指树根和树枝,引申为先有根本而后才能开花、结果。

⑪ 终始:有开始,有终结。

⑫ 知所先后：知道先后的顺序和步骤。

译文

大学的宗旨在于弘扬光明正大的品德，在于与人民亲近，在于使人达到最完善的境界。知道应达到的境界才能够志向坚定，志向坚定才能够镇静不躁，镇静不躁才能够神安，神安才能够思虑周详，思虑周详才能够处事得宜。每样东西都有本有末，每件事情都有始有终。明白了这本末始终的道理，就接近事物发展的规律了。

2　古之欲①明明德于天下者先治②其国，欲治其国者先齐③其家，欲齐其家者先修其身④，欲修其身者先正其心⑤，欲正其心者先诚其意⑥，欲诚其意者先致其知⑦，致知在格物⑧。物格而后知至，知至而后意诚，意诚而后心正，心正而后身修，身修而后家齐，家齐而后国治，国治而后天下平。

注　释

① 欲：想要。

② 治：此指"使国平"。

③ 齐：整顿。

④ 修：在道德上修养。身：自己。

⑤ 正其心：使自己的心态端正。

⑥ 诚其意：使自己的心意真诚。

⑦ 致其知：使自己在知识、智慧上得到提高。

⑧ 格物：推究事物的原理。

译 文

古代那些要想在天下弘扬光明正大品德的人，先要治理好自己的国家；要想治理好自己的国家，先要管理好自己的家庭；要想管理好自己的家庭，先要修养自身的品性；要想修养自身的品性，先要端正自心；要想端正自心，先要使自己的意念真诚；要想使自己的意念真诚，先要使自己获得知识；获得知识的途径在于认识、研究万事万物。通过对万事万物的认识、研究后才能获得知识，获得知识后意念才能真诚，意念真诚后才能心正，心正后才能修养品性，修养品性后才能管理好家庭，管理好家庭后才能治理好国家，治理好国家后天下才能太平。

3　自天子以至于庶人①，壹是②皆以修身为本。其本乱而末治者③，否④矣。其所厚者薄⑤，而其所薄者厚，未之有⑥也！此谓知本⑦，此谓知之至⑧也。

注释

① 庶人：没有官爵的人，泛指平民百姓。

② 壹是：都是这样。

③ 本乱：根本的事情混乱，最根本的事情是指修身。末治：从根本上治理，末是指治政。

④ 否：不可能。

⑤ 所厚者薄：对自己关系亲密的人情意淡薄。

⑥ 未之有："未有之"，没有这样的事情。

⑦ 知本：知道问题的根本在哪里。

⑧ 知之至：认知的极致。

译文

上自国家君王，下至平民百姓，人人都要以修养品性为根本。若这个根本被扰乱了，而派生的枝干末梢却能治好是不可能的。对自己关系亲密的人情意淡薄，而对自己关系淡薄的人却情意浓厚，没有这样的道理。这就叫作知本，这就叫作认知的极致。

4　所谓诚其意①者，毋②自欺也。如恶恶臭③，如好好色④。此之谓自谦⑤。故君子必慎其独也⑥。小人闲居为不善⑦，无所不

大学

至，见君子而后厌然⑧掩其不善而著其善⑨，人之视己如见其肺肝然⑩，则何益⑪矣。此谓诚于中，形于外⑫，故君子必慎其独也。

曾子曰："十目所视，十手所指，其严乎⑬！"富润屋，德润身，心广体胖⑭。故君子必诚其意。

注　释

① 诚其意：使心意真诚。

② 毋：不要。

③ 恶恶臭：厌恶不好闻的气味。

④ 好好色：喜好美色。

⑤ 自谦：自我快乐与满足。谦：通"慊"。

⑥ 必：一定。慎其独：独自一人时守住本心、本性。

⑦ 小人：指道德修养不够的人。闲居：平时无事。为不善：做不善的事情。

⑧ 厌然：隐藏起来的样子。

⑨ 掩：通"掩"。著其善：把自己善的一面故意显示给人看。

⑩ 如见其肺肝然：好像看到了他的肝肺一样。

⑪ 何益：有什么好处。

⑫ 形于外：显露在外表上。

⑬ 其严乎:多么严厉的监督啊。

⑭ 心广体胖:心胸宽广,身体舒适安逸。

译 文

所谓使心意真诚,就是不要自欺(自己欺骗自己),要像厌恶腐臭的气味、爱好美色一样,自我快乐、满足,这样才心安理得。所以,君子(品德高尚的人)独处时也要守住本心、本性。而品德低下的小人私下里无恶不作,一见到品德高尚的人便躲躲闪闪,掩盖自己的坏事而吹嘘自己的善良。殊不知,别人了解他们就像能看见他们的五脏六腑一样清楚,那样做能有什么用呢!其实内心的真实一定会表现在外表上的。所以,品德高尚的人独处时一定要守住自己的本性啊!曾子说:"十双眼睛看着,十双手指着,这是多么严厉的监督啊,难道不令人畏惧吗?"有钱了只能装饰房屋,但品德却可以修身养性,使人心胸开阔、身体舒适。所以,品德高尚的人一定要使自己的信念真诚。

5 《诗》云:"瞻彼淇澳,菉竹猗猗。有斐君子,如切如磋,如琢如磨。瑟兮僩兮,赫兮喧兮。有斐君子,终不可谖兮。"① 如切如磋者,道学②也。如琢如磨者,自修也。瑟兮僩兮者,恂栗③也。赫兮喧兮者,威仪也。有有斐君子终不可谊兮者,道盛德至善,民之不能忘也。

注释

①"瞻彼"至"谊兮":引自《诗经·卫风·淇澳》。淇:淇河。澳:水流弯曲处。菉:草名,即荩草。菉竹:荩草的别名,因其似竹,高五六尺,故名。猗猗:美且茂盛的样子。斐:有文采的样子。瑟:矜持、庄重的样子。僴:威武、相貌堂堂的样子。喧:宽心。谊:忘记。这句话的意思是看那淇水弯曲处,菉竹美好且繁茂,那个文雅的君子,好像被切磋过的骨角,如同被雕琢过的美玉,是那么的庄重、刚毅,光明显赫心宽阔。那个文雅的君子始终让人不能忘怀!

②道学:道即说,是说研讨学问。

③恂栗:恂即诚实、诚信,栗即畏惧、谨慎,指诚实、谨慎的态度。

译文

《诗经》说:"看那淇水弯弯的岸边,菉竹郁郁葱葱。有一位文质彬彬的君子,犹如骨角经过切磋,犹如玉石经过琢磨。他庄重而开朗,光明显赫心宽阔。这样的一个文质彬彬的君子,真是令人难忘啊!"这里所说的"如切如磋",是指做学问的态度;这里所说的"如琢如磨",是指自我修炼的精神;这里所说的"瑟兮僴兮",是指他内心谨慎而有所戒惧;这里所说的"赫兮喧兮",是指他非常庄重;说"有斐君子,终不可谊兮"是指由于他品德非常高尚,达到了最完善的境界,所以使人难以忘怀。

《诗》云:"於戏前王不忘①。"君子贤其贤而亲其亲②,小人乐其乐而利其利③,此以没世不忘也。

注 释

① 於戏:读作"呜呼"。前王:指文王、武王。

② 贤其贤而亲其亲:第一个"贤"为动词,用贤;第二个"贤"为名词,指贤人;第一个"亲"为动词,亲睦;第二个"亲"为名词,亲族;本句话意思是任用贤人而亲睦亲族。

③ 小人:指百姓。本句话意思是百姓享受先王带来的安乐,享受获得的利益。

译 文

《诗经》说:"啊呀,前代的君王真使人难忘啊!"这是因为君主能够以前代的君王为榜样,尊重贤人,亲近亲族,一般平民百姓也都蒙受恩泽,享受安乐,获得利益。所以,虽然前代君王已经去世,但人们是永远不会忘记他们的。

《康诰》曰"克明德①",《大甲》曰"顾諟天之明命②",《帝典》曰"克明峻德③",皆自

明^{míng}也^{yě}。

注 释

① 克明德：意思是能彰显德行。

② 顾：念。天之明命：天命之明德。本句话意思是，当顾念正确地奉行上天圣明的命令。

③ 克明峻德：峻即大，意思能彰显伟大的德行。

译 文

《康诰》说："能够弘扬光明的品德。"《大甲》说："要顾念上天赋予的光明使命。"《帝典》说："能够弘扬崇高的品德。"这些都是说要自己弘扬光明正大的品德。

汤^{tāng}之^{zhī}《盘^{pán}铭^{míng}》①曰^{yuē}："苟^{gǒu}②日^{rì}新^{xīn}，日^{rì}日^{rì}新^{xīn}，又^{yòu}日^{rì}新^{xīn}。"《康^{kāng}诰^{gào}》③曰^{yuē}："作^{zuò}新^{xīn}民^{mín}④。"《诗^{shī}》曰^{yuē}："周^{zhōu}虽^{suī}旧^{jiù}邦^{bāng}⑤，其^{qí}命^{mìng}惟^{wéi}新^{xīn}⑥。"是^{shì}故^{gù}君^{jūn}子^{zǐ}无^{wú}所^{suǒ}不^{bú}用^{yòng}其^{qí}极^{jí}⑦。

注 释

① 盘铭：刻在澡盆上的自我警戒性的文字。

② 苟：如果能够。

③ 康诰：指《尚书·康诰》。

④ 作新民：振作精神，带动民众共同致力于道德修养。

⑤ 周虽旧邦：作为诸侯国之一的周国，虽然是时间悠久的邦国。

⑥ 其命惟新：周朝建立后，顺天之命而道德昌盛。

⑦ 无所不用其极：任何事情都用最有效的手段。

译文

商汤王刻在浴盆上的箴言说："如果能够有一天自新，就应保持天天自新，永远不断自新。"《康诰》中说："鼓励人们弃旧图新。"《诗经》中说："周朝虽然是古老的邦国，但却禀受了天命，自我更新。"所以，英明的国君为了除旧迎新，没有一处不用那最有效的手段。

《诗》云："邦畿①千里，惟民所止②。"《诗》云："缗蛮黄鸟③，止于丘隅④。"子曰："于止⑤，知其所止，可以人而不如鸟乎？"

注释

① 邦畿：天子的京都，包括京城和郊区。

② 惟民所止：民众居住的地方。

③ 缗蛮：小鸟的叫声。黄鸟：黄雀。

④ 止于丘隅：停落在地势高且草木茂盛的地方。

⑤ 于止：关于栖止。

译 文

《诗经》说："京城及其周围，都是老百姓居住的地方。"《诗经》又说："'缗蛮'叫着的黄鸟，栖息在山丘多树的角落上。"孔子说："连黄鸟都知道它该栖息在什么地方，难道人还能不如一只鸟儿吗？"

《诗》云："穆穆①文王，於缉熙敬止②。"为人君止于仁③，为人臣止于敬，为人子止于孝，为人父止于慈，与国人交④止于信。

注 释

① 穆穆：端庄而深邃的样子。

② 缉熙：不断地走向光明。敬止：敬其所处的地位。

③ 为：作为。人君：他人之君。止于仁：立足于仁，而且以仁为言行的依据。

④ 与国人交：和国中的人相交往。

译 文

《诗经》说："端庄肃穆的文王啊！不断地走向光明，敬其所处的地位。"做国君的,要做到仁义;做臣子的,要做到恭敬;做子女的,要做到孝顺;做父亲的,要做到慈爱;与他人交往,要做到讲信用。

子曰:"听讼,吾犹人也①,必也使无讼乎②!"无情者不得尽其辞③,大畏民志④,此谓知本。

注 释

① 听讼:审案。吾犹人:我像别人一样。

② 必:一定。使无讼:使别人无官司可打。

③ 无情者:没有实情且矫饰的人。不得尽其辞:不能使别人的虚伪言辞随意表达出来。

④ 大畏民志:大服民心。

译 文

孔子说:"审理诉讼案子,我也和别人一样,目的在于使诉讼不再发生。"使隐瞒真实情况的人不敢胡言乱语,以大德使人心畏服,这就叫作懂得了根本的道理。

6 所谓修身在正其心者,身有所忿①懥则不得其正,有所恐惧则不得其正,有所好

大学

乐②则不得其正，有所忧患则不得其正。心不在焉③，视而不见，听而不闻，食而不知其味。此谓修身在正其心。

注释

① 忿：愤怒。
② 好乐：喜好和乐趣。
③ 心不在焉：魂不守舍。

译文

之所以说修养自身的品性要先端正自己的心思，是因为心有愤怒就不能够端正，心有恐惧就不能够端正，心有偏好就不能端正，心有忧虑就不能够端正。被愤怒、恐惧、偏好、忧虑所困扰，导致魂不守舍：虽然在看，但却像没有看见一样；虽然在听，但却像没有听见一样；虽然在吃东西，但却一点也不知道是什么滋味。所以说，要修养自身的品性必须要先端正自己的心思。

7　所谓齐其家在修其身者，人之其所亲爱而辟焉①，之其所贱恶②而辟焉，之其所畏敬而辟焉，之其所哀矜③而辟焉，之其所敖

惰④而辟焉。故好而知其恶⑤、恶⑥而知其美者,天下鲜⑦矣!故谚有之曰⑧:"人莫知其子之恶⑨,莫知其苗之硕⑩。"此谓身不修不可以齐其家。

注 释

① 其:自己。辟:通"僻"。

② 恶:厌恶。

③ 哀矜:怜悯、同情。

④ 敖惰:傲慢、懒惰。

⑤ 好:喜欢。恶:邪恶,不正。

⑥ 恶:厌恶。

⑦ 鲜:少见。

⑧ 谚:民间说法,俗语。之:这样的话。

⑨ 莫:没有人。恶:不好。

⑩ 硕:茂盛、高大。

译 文

之所以说管理好家庭要先修养自身,是因为人们对于自己亲爱的人会有偏爱,对于自己厌恶的人会有偏见,对于自己敬畏的人会有偏向,对于自己同情的人会有偏心,对于自己轻视的人会有偏意。因此，世上很少有人能喜欢某人又看到那人的缺点，厌恶某人又看到那人的优点。所以有谚语说："人都不知道自己孩子的缺点，人都看不见自己庄稼的茁壮。"这就是不修养自身就不能管理好家庭的道理。

8 所谓治国必先齐其家者，其家不可教①而能教人者，无之。故君子不出家而成教②于国。孝者所以事君也，弟③者所以事长也，慈者所以使众也。《康诰》④曰："如保赤子⑤。"心诚⑥求之，虽不中不远矣⑦。未有学养子而后嫁者也。

注 释

① 教：教化。

② 成教：形成教化。

③ 弟：同"悌"。

④ 康诰：指《尚书·康诰》。

⑤ 如保赤子：《尚书》原文"如"作"若"，像保护刚出生的婴儿一样保护民众。

⑥ 心诚：心里诚心诚意的。

⑦ 虽:即使。中:符合。

译 文

之所以说治理国家必先管理好自己的家庭,是因为不能教育管理好自己的家人而能教育管理好别人,是没有的事。所以,君子不出家门就能够完成对全国的教育。对父母的孝敬可以用以侍奉君主,对兄长的恭敬可以用以侍奉尊长,对子女的慈爱可以用以管理民众。《尚书·康诰》中有句话说:"像保护刚出生的婴儿一样保护民众。"内心真诚地去做,即使达不到目标,也不会相差太远。要知道没有先学会了养孩子再去出嫁的人啊!

一家仁,一国兴①仁;一家让②,一国兴让;一人贪戾③,一国作乱。其机④如此。此谓一言偾事⑤,一人定国⑥。尧舜率天下以仁⑦而民从之,桀纣率天下以暴而民从之。其所令反其所好⑧而民不从。是故君子有诸己⑨而后求诸人,无诸己⑩而后非⑪诸人。所藏乎身不恕⑫而能喻⑬诸人者,未之有⑭也。故治国在齐其家。

注 释

① 兴：兴起。

② 让：谦让。

③ 贪戾：贪婪暴戾。

④ 机：关键。

⑤ 一言：一句话。偾事：败坏事情。

⑥ 定国：使国家安定。

⑦ 率：率领。以仁：用仁道。

⑧ 所令：所下达的政令。反其所好：背离他们所喜欢的。

⑨ 有诸己：自己有仁善的行为。诸："之于"的和音。

⑩ 无诸己：自己没有不仁不善的行为。

⑪ 非：非难、批评。

⑫ 所藏乎身：自身所存之心。恕：宽容。

⑬ 喻：使别人能够明白。

⑭ 未之有："未有之"，没有这样的事。

译 文

国君一家仁爱，一国也会兴起仁爱；国君一家礼让，一国也会兴起礼让；国君一人贪婪暴戾，一国人就会犯上作乱。国君一人一家对国家治乱的关键作用就是这样。这就叫一句话能坏事，一个人能安定国家。尧舜用仁爱统领天下，百姓就跟随他们学仁爱；桀纣暴戾统治天下，百姓就跟着凶暴。统治者的政令与百姓的爱好相反，民众是不会服从的。所以，国君总是自己先做到，然后才去要求别人去做；自己先不这样做，才去要求别人也不能这样做。不采取这种推己及人的做法而只要求别人去做，那是不可能的。所以，要治理国家就必须先管理好自己的家庭。

《诗》云："桃之夭夭①，其叶蓁蓁②。之子于归③，宜④其家人。"宜其家人而后可以教⑤国人。《诗》云："宜兄宜弟。"宜兄宜弟而后可以教国人。《诗》云："其仪不忒⑥，正是四国⑦。"其为父子兄弟足法⑧，而后民法之也。此谓治国在齐其家。

注 释

① 桃：指桃花。夭夭：美丽鲜艳的样子。

② 蓁蓁：茂盛的样子。

③ 之子：这个女子。于归：出嫁。

④ 宜：和睦快乐。

⑤ 教：教化。

⑥ 其仪：一个人的仪容、仪态。忒：差错。

⑦ 正是四国：使四方国家都能自我端正。

⑧ 为：被。足法：值得被人效法。

译文

《诗经》说："桃花鲜美，树叶茂密，这个姑娘出嫁了，让全家人都和睦。"让全家人都和睦，然后才能够教育一国的人。《诗经》说："兄弟和睦。"兄弟和睦了，然后才能够教育一国的人。《诗经》说："容貌举止庄重严肃，成为四方国家的表率。"只有当一个人无论是作为父亲、儿子，还是兄长、弟弟时都值得人效法时，老百姓才会去效法他。这就是要治理国家必须先管理好家庭的道理。

9　所谓平天下在治其国者，上老老而民兴孝①，上长长而民兴弟②，上恤孤而民不倍③。是以君子有絜矩之道也④。

注 释

① 上：在上位的执政者。兴孝：使孝道得以兴起。

② 兴弟：使悌道得以兴起。

③ 恤孤：怜恤孤儿。倍：通"背"，背弃。

④ 是以：因此。絜矩：相当于"表率""示范"的意思。絜：指用来测量围长的尺度。矩：用来衡量方形是否符合标准的工具。

译 文

之所以说平定天下要治理好自己的国家，是因为，在上位的人尊敬老人,老百姓就会孝顺自己的父母;在上位的人尊重长辈,老百姓就会尊重自己的长辈;在上位的人体恤救济孤儿,老百姓也会同样跟着去做。所以,品德高尚的人总是实行以身作则、推己及人的规矩之道。

所恶于上①毋以使下②,所恶于下毋以事③上,所恶于前毋以先后④,所恶于后毋以从前⑤,所恶于右毋以交⑥于左,所恶于左毋以交于右。此之谓絜矩之道。

大 学

注 释

① 所恶:令人厌恶的做法。于:从。上:在上位的人。

② 毋:不要。以:用来。使:使用、应用。下:在下位的人。

③ 事:侍奉、对待。

④ 先后:再去影响以后。

⑤ 从前:追随以前的。

⑥ 交:交互、传递。

译 文

如果厌恶上面的人对你的某种行为,就不要用这种行为去对待你下面的人;如果厌恶下面的人对你的某种行为,就不要用这种行为去对待你上面的人;如果厌恶在你前面的人对你的某种行为,就不要用这种行为去对待在你后面的人；如果厌恶在你后面的人对你的某种行为，就不要用这种行为去对待在你前面的人；如果厌恶在你右边的人对你的某种行为，就不要用这种行为去对待在你左边的人；如果厌恶在你左边的人对你的某种行为，就不要用这种行为去对待在你右边的人。这就叫作"絜矩之道"。

《诗》云："乐只君子①，民之父母。"民之所好②好之，民之所恶③恶之。此之谓民之父母。《诗》云："节彼南山④，维石岩岩⑤。赫赫师尹⑥，民具尔瞻⑦。"有国者⑧不可以不慎。辟则为天下僇矣⑨。《诗》云："殷之未丧师⑩，克配上帝⑪。仪监于殷⑫，峻命不易⑬。"道⑭得众则得国，失众则失国。

注释

① 乐：和蔼快乐。只：助词。

② 好：喜欢。

③ 恶：厌恶。

④ 节：高峻、雄伟的样子。彼：那。

⑤维:助词。岩岩:险峻巍峨的样子。

⑥赫赫:权势显赫的样子。师尹:担任太师职位的尹氏。

⑦具:同"俱",都的意思。尔瞻:"瞻尔",注视你。

⑧有国者:掌握国家命运的执政者。

⑨辟:通"僻",偏心。为天下僇:被天下人推翻。

⑩殷:指周朝之前的殷商朝代。未丧师:没有失去众人之心的时候。

⑪克:能。配上帝:德行与上天之道相配合。

⑫仪:通"宜",应该。监:通"鉴",作为借鉴。

⑬峻命:令人敬畏的天命。易:容易。

⑭道:说。

译 文

《诗经》说:"使人心悦诚服的国君啊,是老百姓的父母。"老百姓喜欢的他也喜欢,老百姓厌恶的他也厌恶,这样的国君就可以说是老百姓的父母了。《诗经》说:"巍峨的南山啊,岩石耸立。显赫的尹太师啊,百姓都仰望着你。"统治国家的人不可不谨慎。稍有偏颇,就会被天下人推翻。《诗经》说:"殷朝没有丧失民心的时候,还是能够与上天的要求相符的。请用殷朝作个借鉴吧,守住天命并不是一件容易的事。"这就是说,得到民心就能得到天下,失去民心就会失去天下。

大学

10　是故君子先慎乎德。有德此有人,有人此有土,有土此有财,有财此有用。德者本也，财者末也。外本内末，争民施夺①。是故财聚则民散，财散则民聚。是故言悖而出者亦悖而入②，货悖而入者亦悖而出③。

注释

① 外本内末：本末倒置。本句话意思是本末倒置，就会争民利，夺民财。

② 言悖而出者亦悖而入：意思是说悖理的话，就会遭到悖理的话的报复。

③ 货悖而入者亦悖而出：意思是取悖理之财，就会悖理地失去。

译文

所以，品德高尚的人首先注重修养德行。有德行才会有人拥护，有人拥护才能有土地，有土地才会有财富，有财富才能供给使用。德是根本，财是枝末。假如轻根本而重枝末，那就会和老百姓争夺利益。所以，君王聚财敛货，民心就会失散；君王散财于民，民心就会聚在一起。这正如你说话不讲道理，人家也会用不讲道理的话来回答你；财货来路不明不白，总有一天也会不明不白地失去。

《康诰》曰："惟命不于常①。"道善则得

之，不善则失之矣。《楚书》②曰："楚国无以为宝，惟善以为宝。"舅犯③曰："亡人无以为宝，仁亲以为宝。"

注释

① 惟：语气词。本句话意思是天命不常在。
② 《楚书》：指《国语》中的《楚语》。
③ 舅犯：晋臣，曾随晋公子重耳流亡。

译文

《康诰》说："天命是不会始终如一的。"这就是说，行善道便会得到天命，不行善道便会失去天命。《楚书》说："楚国没有把什么当作宝贝，只是把善当作宝贝。"舅犯说："流亡在外的人没有把什么当作宝贝，只是把仁爱当作宝贝。"

11 《秦誓》①曰："若有一介臣，断断兮，无他技②；其心休休焉，其如有容焉③。人之有技，若己有之；人之彦圣④，其心好之，不啻若自其口出⑤，寔⑥能容之。以能保我子孙黎民，尚亦有利哉！人之有技，媢疾⑦以恶之；人之彦圣，而违之，俾不通⑧，寔不能容，以不能保我子孙黎民，亦曰殆哉！"唯仁人放流之，迸诸四夷⑨，不与同中国。此谓唯仁人为能爱人，能恶人。

注释

① 《秦誓》：《尚书》篇名。

② 断断：指诚实、忠诚。句子意思是忠诚但没有什么本领。

③ 休休：宽容大度。句子意思是他的心胸宽广，能包容一切。

④ 彦圣：善美明达。

⑤ 啻：但，仅，止。句子意思是这人爱才是出于诚心的，而不仅仅口头上说说。

⑥ 寔：通"实"。

⑦ 媢疾：嫉妒。

⑧ 违：阻碍。俾：使。句子意思是从中作梗使他不能上通于国君。

⑨ 迸：通"屏"，斥逐、排除。本句话意思是仁德之人会流放这种不能容忍别人的人，把他放逐到四方蛮夷之地。

译 文

《秦誓》说:"如果有这样一位大臣,忠诚老实,虽然没有什么特别的本领,但他心胸宽广,有容人的肚量。别人有本领,就如同他自己有一样;别人德才兼备,他心悦诚服,不只是在口头上表示,而是打心底里赞赏。用这种人,是可以保护我的子孙和百姓的,是可以为他们造福的啊!相反,如果别人有本领,他就妒忌、厌恶;别人德才兼备,他便想方设法压制、排挤,使人家的功绩不能上通于国君。用这种人,不仅不能保护我的子孙和百姓,而且可以说是危险得很!"因此,有仁德的国君会把这种容不得人的人流放,把他们驱逐到边远的四方蛮夷之地去,不让他们同住在中原。这说明,有仁德的人爱憎分明。

见贤而不能举,举而不能先,命①也。见不善而不能退,退而不能远,过也。好人之所恶,恶人之所好,是谓拂人之性,菑必逮夫身②。是故君子有大道,必忠信以得之,骄泰以失之。

注 释

① 命:是"慢"字之误,怠慢的意思。

② 拂:违背。逮:及。句子是说:这违背人的本性,灾祸必然降临其身。

译 文

发现贤才而不能举荐,举荐了而不能重用,这是怠慢;发现恶人而不能罢免,罢免了而不能把他驱逐得远远的,这是过错。喜欢众人所厌恶的,厌恶众人所喜欢的,这违背人的本性,灾难必定要落到他身上。所以,君子要有正确的原则:一定要通过忠诚信义去获得一切,而骄奢放纵便会失去一切。

12 生财有大道:生之者众,食之者寡,为之者疾,用之者舒①,则财恒足矣。仁者以财发身,不仁者以身发财②。未有上好仁而下不好义者也,未有好义其事不终者也,未有府库财非其财者也③。

注 释

① 舒:缓慢。

② 仁者以财发身,不仁者以身发财:仁爱的人用财富发扬自身的德行,不仁的人不惜丧命以求发财。

③ 未有府库财非其财者也:其府库的财产都是他应得之财,也

就是说,没有用非法手段谋取财物。

译 文

　　创造财富也有正确的途径:创造财富的人多,消费财富的人少;创造财富的人勤奋,消费财富的人节省,这样,财富便会经常充足。仁爱的人以财富来修养自身的德行,不仁的人不惜以生命为代价去敛钱发财。没有在上位的人喜好仁德,而在下位的人却不喜好忠义的;没有喜好忠义而做事却做不成的;没有臣民爱好道义而府库的财货竟不属于国家所有的。

孟献子曰:"畜马乘不察于鸡豚①,伐冰之家②不畜牛羊,百乘之家不畜聚敛之臣③,与其有聚敛之臣,宁有盗臣④。"此谓国不以利为利,以义为利也。长⑤国家而务财用者,必自小人矣。彼为善之,小人之使为国家,菑害并至。虽有善者亦无如之何矣。⑥此谓国不以利为利,以义为利也。

大学

注 释

　　① 乘:一乘是四匹马,大夫才能坐四匹马拉的车。本句话意思是做

了大夫就是喂养四匹马来驾车的人了,就不用计较喂鸡、养猪的小利了。

② 伐冰之家:是指可以伐取冰块的卿大夫之家。卿大夫以上的官家办丧事时才有资格用冰寒尸防腐。

③ 百乘之家不畜聚敛之臣:拥有百辆兵车的卿大夫之家,不养活聚敛财富的家臣。

④ 与其有聚敛之臣,宁有盗臣:与其有聚敛财富的家臣,宁可有盗窃主人财富的盗臣。应该理解为:聚敛财富的家臣所造成的损失会丧失民众,动摇根本,盗臣盗窃了主人财物,只是让主人遭受了一些损失。

⑤ 长:领导、治理。

⑥ 彼:指国君。善之:使之善,即想要把国家管理好。善者:指贤能的人。句子意思是:国君想要治理好国家,却使用了小人,灾难和祸害会一起降临,国君即使有贤能的人,也无可奈何了。

译 文

孟献子说:"具备马匹车辆的士大夫之家,就不需再去计较养鸡、养猪的小利;祭祀用冰的卿大夫家,就不要再养牛、养羊去牟利;拥有百辆兵车的诸侯之家,就不要去收留搜刮民财的家臣。与其有搜刮民财的家臣,不如有偷盗东西的盗臣。"意思是说,国君治理国家不应该以财货为利益,而应该以仁义为利益。做了国君却还一心想着聚敛财货,这必然是有小人在怂恿,而那国君还以为这些小人是好人,让他们去处理国家大事,结果是天灾人祸一齐降临。这时即使有贤能的人接管却也没有办法挽救了。所以,治理国家不应该以私利为利益,而应该以仁义为利益。

中　庸

　　《中庸》原是《小戴礼记》中的一篇。作者为孔子后裔子思,后经秦代学者修改整理。《中庸》被宋代学人提到突出地位上来,宋朝探索中庸之道的文章不下百篇,北宋程颢、程颐极力推尊《中庸》。南宋朱熹又作《中庸章句》,并把《中庸》和《大学》《论语》《孟子》并列称为"四书"。宋、元以后,《中庸》成为学校官定的教科书和科举考试的必读书,对古代教育产生了极大的影响。中庸就是既不善也不恶的人的本性,从人性来讲,就是人性的本原、人的根本智慧本性,实质上用现代文字表述就是善恶的"临界点",这就是难以把握的"中庸之道"。

第一章

天命①之谓性,率性②之谓道,修道之谓教。道也者,不可须臾离也,可离非道也。是故君子戒慎乎其所不睹,恐惧乎其所不闻。莫见乎隐③,莫显乎微。故君子慎其独也。

喜怒哀乐之未发谓之中④,发而皆中节⑤谓之和。中也者,天下之大本也;和也者,天下之达道也。致⑥中和,天地位焉,万物育焉。

注 释

① 天命:天赋,指人的自然禀赋,并无神秘色彩。

② 率性:遵循本性。率:遵循,按照。

③ 莫:在这里是"没有什么更……"的意思。见(xiàn):显现,明显。乎:于,在这里有比较的意味。

④ 中:符合。

⑤ 节:节度、法度。

⑥ 致:达到。

译文

人的自然禀赋叫作"性",顺着本性行事叫作"道",按照"道"的原则修养叫作"教"。"道"是片刻不可以离开的,如果可以离开,那就不是"道"了。所以,品德高尚的人在没有人看见的地方也是谨慎的,在没有人听见的地方也是有所戒惧的。越是隐蔽的地方越是明显,越是细微的地方越是显露。所以,品德高尚的人在独处的时候也是谨慎的。

喜怒哀乐没有表现出来的时候,叫作"中";表现出来以后符合节度,叫作"和"。"中",是天下的根本;"和",是大家遵循的原则。达到"中和"的境界,天地便各在其位了,万物便生长繁育了。

第二章

仲尼①曰:"君子中庸②,小人反中庸。君子之中庸也,君子而时中。小人之反中庸也,小人而无忌惮③也。"

注释

① 仲尼:即孔子,名丘,字仲尼。

② 中庸：中和。庸："常"的意思。
③ 忌惮：顾忌和畏惧。

译文

仲尼说："君子中庸，小人违背中庸。君子之所以中庸，是因为君子随时做到适中，无过无不及；小人之所以违背中庸，是因为小人肆无忌惮。"

第三章

子曰："中庸其至矣乎！民鲜①能久矣！"

注释

① 鲜：少，不多。

译文

孔子说："中庸大概是最高、最好的道德标准了吧！老百姓很少能够做到，已经很久了！"

第四章

子曰："道①之不行也，我知之矣：知者②过之，愚者不及也。道之不明也，我知之矣：

贤者过之，不肖者③不及也。人莫不饮食也，鲜能知味也。"

注 释

① 道：中庸之道。
② 知者：智者，与愚者相对，指智慧超群的人。知：同"智"。
③ 不肖者：与贤者相对，指不贤的人。

译 文

孔子说："中庸之道不能实行的原因，我知道了：聪明的人自以为是，越过了中庸；愚蠢的人智力不及，达不到中庸。中庸之道不能昌明的原因，我知道了：贤能的人做得太过分，不贤的人根本做不到。就像人们每天都要吃喝，但却很少有人能够真正辨知滋味。"

第五章

子曰："道其不行矣夫！"

译 文

孔子说："中庸的道理（大家全不明了），大概是不能够推行了吧！"

第六章

子曰:"舜其大知也与!舜好问而好察迩言①,隐恶而扬善,执其两端,用其中于民。其斯以为舜乎②!"

注 释

① 迩言:浅近的话。迩:近。

② 其斯以为舜乎:这就是舜之所以为舜的地方吧! 其:语气词,表示推测。斯:这。"舜"字的本义是仁义盛明,所以孔子有此感叹。

译 文

孔子说:"舜可真是具有大智慧的人啊!他喜欢向人问问题,又善于分析别人浅近话语里的含义。隐藏人家的坏处,宣扬人家的好处。过与不及两端的意见他都掌握,采纳适中的用于老百姓。这就是舜之所以为舜的地方吧!"

第七章

子曰:"人皆曰予①知,驱而纳诸罟擭②陷

阱之中,而莫之知辟③也。人皆曰予知,择乎中庸而不能期月④守也。"

注释

① 予:我。

② 罟(gǔ):捕兽的网。擭(huò):装有机关的捕兽的木笼。

③ 辟(bì):通"避"。

④ 期月:一整月。

译文

孔子说:"人人都说'我是聪明的',可是被利益驱使,被像禽兽般驱赶到罗网、陷阱中去却不知躲避。人人都说'我是聪明的',可是选择了中庸之道却连一个月时间也不能坚持。"

第八章

子曰:"回①之为人也,择乎中庸,得一善,则拳拳服膺②而弗失之矣。"

注释

① 回:指孔子的学生颜回。

② 拳拳服膺:牢牢地放在心上。拳拳:牢握不舍的样子,引申

为恳切。服：著，放置。膺：胸口。

译文

孔子说："颜回就是这样一个人，他选择了中庸之道，每得到好的道理，就牢牢地把它放在心上，再也不会失去它。"

第九章

子曰："天下国家可均①也，爵禄可辞也②，白刃可蹈③也，中庸不可能也。"

注释

① 均：即平，指治理。
② 爵：爵位。禄：官吏的薪俸。辞：放弃。
③ 蹈：踏。

译文

孔子说："天下国家可以治理，官爵俸禄可以放弃，雪白的刀刃可以践踏而过，中庸却不可能完全做到。"

第十章

子路①问强。子曰："南方之强与？北方

之强与？抑而强与？②宽柔以教，不报③无道，南方之强也，君子居之④。衽金革⑤，死而不厌⑥，北方之强也，而强者居之。故君子和而不流⑦，强哉矫⑧；中立而不倚，强哉矫；国有道不变塞⑨焉，强哉矫；国无道至死不变，强哉矫。"

注 释

① 子路：名仲由，孔子的学生。

② 抑：选择性连词，意为"还是"。而：代词，你。与：疑问语气词。

③ 报：报复。

④ 居：处。

⑤ 衽：卧席，此处用为动词。金：指铁制的兵器。革：指皮革制成的甲盾。

⑥ 死而不厌：死而后已的意思。

⑦ 和而不流：性情平和又不随波逐流。

⑧ 矫：坚强的样子。

⑨ 不变塞：不改变志向。

中庸

译 文

子路问什么是强。孔子说:"你问的是南方的强呢,北方的强呢,还是你认为的强呢?用宽容柔和的精神去教育人,人家对我蛮横无理也不报复,这是南方的强,品德高尚的人具有这种强。经常枕着刀枪、穿着盔甲睡觉,死而后已,这是北方的强,勇武好斗的人就具有这种强。所以,品德高尚的人和顺而不随波逐流,这才是真强啊!保持中立而不偏不倚,这才是真强啊!国家政治清平时不改变志向,这才是真强啊!国家政治黑暗时坚持操守,宁死不变,这才是真强啊!"

第十一章

子曰:"素隐行怪①,后世有述②焉,吾弗为之矣。君子遵道而行,半途而废,吾弗能已③矣。君子依乎中庸,遁世不见知④而不悔,唯圣者能之。"

注 释

① 素:据《汉书》,应为"索"。隐:隐僻。怪:怪异。

② 述:记述。

③ 已:止,停止。

④ 见知：被知。见：被。

译　文

孔子说："寻找隐僻的道理，做些怪诞的事情来欺世盗名，后世也许会有人来记述他，为他立传，但我是决不会这样做的。有些品德不错的人按照正道去做，但是半途而废，不能坚持下去，而我是决不会停止的。真正的君子遵循中庸之道，即使一生默默无闻不被人知道也不后悔，这只有圣人才能做得到。"

第十二章

君子之道费而隐①，夫妇②之愚可以与③知焉；及其至也，虽圣人亦有所不知焉。夫妇之不肖，可以能行焉；及其至也，虽圣人亦有所不能焉。天地之大也，人犹有所憾。故君子语大，天下莫能载焉；语小，天下莫能破④焉。《诗》云："鸢飞戾天，鱼跃于渊。"⑤言其上下察⑥也。君子之道，造端⑦乎夫妇，及其至也，察乎天地。

注释

① 费:广大。隐:精微。

② 夫妇:匹夫匹妇,指普通男女。

③ 与:动词,参与。

④ 破:分开。

⑤ 鸢飞戾天,鱼跃于渊:引自《诗经·大雅·旱麓》。鸢:老鹰。戾:到达。

⑥ 察:明察,洞析。

⑦ 造端:开始。

译文

君子的道广大而又精微。普通男女虽然愚昧,也可以知道君子的道;但它的最高深境界,即便是圣人也有弄不清楚的地方。普通男女虽然不贤明,也可以实行君子的道;但它的最高深境界,即便是圣人也有做不到的地方。天地如此之大,但人们仍有不满足的地方。所以,君子说它"大",就大得连整个天下都载不下;君子说它"小",就小得没有什么东西能够把它剖析得开。《诗经》说:"鹞鹰飞向天空,鱼儿跳跃深水渊。"诗意喻示坚守中庸之道的人能够上下明察。君子的道,开始于普通男女,但到它的最高深境界就能明察天地。

第十三章

子曰:"道不远人,人之为道而远人,不可以为道。"

《诗》云:"伐柯伐柯,其则不远。"① 执柯以伐柯,睨② 而视之,犹以为远。故君子以人治人,改而止。

忠恕违道③ 不远,施诸己而不愿,亦勿施于人。

君子之道四,丘未能一焉。所求乎子,以事父未能也;所求乎臣,以事君未能也;所求乎弟,以事兄未能也;所求乎朋友,先施之未能也。庸④ 德之行,庸言之谨,有所不足,不敢不勉,有余,不敢尽,言顾行,行顾言,君

子(zǐ)胡(hú)不(bù)慥(zào)慥(zào)尔(ěr)⑤！

注 释

① 伐柯伐柯，其则不远：引自《诗经·豳风·伐柯》。伐柯：砍削斧柄。柯：斧柄。则：法则，这里指斧柄的式样。

② 睨：斜视。

③ 违道：离道。违：离。

④ 庸：平常。

⑤ 胡：何、怎么。慥慥（zào）：忠厚诚实的样子。

译 文

孔子说："道并不排斥人。如果有人实行道却使道排斥他人，那就不可以谓之道了。"

《诗经》说："砍削斧柄，砍削斧柄，斧柄的式样就在眼前。"握着斧柄砍削斧柄，应该说不会有什么差异，但如果你斜眼一看，还是会发现差异很大。所以，君子总是用做人之道，治理有过错的人们，只要他们能改正错误实行道就行。

一个人做到忠恕，离道也就差不远了。什么叫忠恕呢？自己不愿意做的事，也不要施加给别人。

君子的道有四项，我孔丘连其中的一项也没有能够做到：作为一个儿子应该对父亲做到的，我没有能够做到；作为一个臣民应该对君王做到的，我没有能够做到；作为一个弟弟应该对哥哥做到的，我没有能够做到；作为一个朋友应该先做到的，我没有能够做到。平常的德行努力实践,平常的言谈尽量谨慎。德行的实践有不足的地方,不敢不勉励自己努力;做得有余裕的地方,我不敢认为到了尽头。说话符合自己的行为,行为符合自己说过的话,这样的君子怎么会不忠厚诚实呢?

第十四章

君子素其位①而行,不愿乎其外。素富贵行乎富贵,素贫贱行乎贫贱,素夷狄②行乎夷狄,素患难行乎患难,君子无入③而不自得焉。在上位,不陵④下;在下位,不援⑤上。正己而不求于人,则无怨。上不怨天,下不尤⑥人。

故君子居易⑦以俟命⑧,小人行险以徼幸。子曰:"射⑨有似乎君子,失诸正鹄⑩,反求诸其身。"

中庸

注 释

① 素其位:安于现在所处的地位。素:平素、现在的意思,这里

作动词用。

②夷:指东方的部族。狄:指西方的部族。夷狄泛指当时的少数民族。

③无入:无论处于什么情况下。入:处于。

④陵:通"凌",欺凌。

⑤援:攀缘,本指抓着东西往上爬,引申为投靠有势力的人往上爬。

⑥尤:抱怨。

⑦居易:居于平安的地位,也就是安居现状的意思。易:平安。

⑧俟(sì)命:等待天命。

⑨射:指射箭。

⑩正(zhèng)鹄(gǔ):正、鹄均指箭靶子;画在布上的叫正,画在皮上的叫鹄。

译文

君子安于现在所处的地位去做应做的事,不生非分之想。处于富贵的地位,就做富贵人应做的事;处于贫贱的地位,就做贫贱人应做的事;处于边远地区,就做在边远地区应做的事;处于患难之中,就做在患难之中应做的事。君子无论处于什么情况下都是安然自得的。处于上位,不欺侮在下位的人;处于下位,不攀附在上位的人。端正自己而不乞求于人,这样就不会有什么抱怨了。上不抱怨天,下不抱怨人。

所以,君子居心平易来等待天命,小人却铤而走险妄图获得非分的东西。孔子说:"君子立身处世就像射箭一样,射不中,不怪靶子不正,只怪自己箭术不行。"

第十五章

君子之道,辟①如行远必自迩②,辟如登高必自卑③。《诗》曰:"妻子好合,如鼓瑟琴。兄弟既翕,和乐且耽。宜尔室家,乐尔妻帑。"④子曰:"父母其顺矣乎!"

注 释

① 辟:同"譬"。

② 迩:近。

③ 卑:低处。

④ "妻子好合……":引自《诗经·小雅·常棣》。妻子:妻与子。好合:和睦。鼓:弹奏。翕(xī):和顺,融洽。耽:《诗经》原作"湛",安乐。帑(nú):通"孥",子孙。

译 文

君子实行中庸之道,就像远行一样,必定要从近处开始;就像登高山一样,必定要从低处起步。《诗经》说:"与妻子相好相和,就像弹琴鼓瑟一样。兄弟关系融洽,和顺又快乐。使你的家庭美满,使你的妻儿幸福。"孔子赞叹说:"这样,父母也就称心如意了啊!"

中庸

第十六章

子曰:"鬼神之为德其盛矣乎!视之而弗见,听之而弗闻,体物而不可遗,使天下之人齐明盛服①以承祭祀,洋洋乎如在其上,如在其左右。《诗》曰:'神之格思,不可度思,矧可射思。'②夫微之显,诚之不可揜③如此夫!"

注　释

①　齐(zhāi):通"斋",斋戒。明:洁净。盛服:盛装。

②　"神之格思……":引自《诗经·大雅·抑》。格:来临。思:语气词。度:揣度。矧(shěn):况且。射(yì):厌,指厌息不敬。

③　揜:通"掩",掩盖。

译　文

孔子说:"鬼神的德行可真是大得很啊!看它也看不见,听它也听不到,但它却体现在万物之中却无所遗漏。天下的人都斋戒净心,穿着庄重整齐的服装去祭祀它,鬼神的形象恍恍惚惚地好像就在你的头上,好像就在你左右。《诗经》说:'神的降临,不可揣测,怎么能够怠慢不敬呢?'鬼神从隐微到显著,其诚信就是这样不可掩盖!"

第十七章

子曰:"舜其大孝也与!德为圣人,尊为天子,富有四海之内,宗庙飨之①,子孙保之。故大德必得其位,必得其禄,必得其名,必得其寿。故天之生物,必因其材②而笃③焉,故栽者培④之,倾者覆⑤之。《诗》曰:'嘉乐君子,宪宪令德。宜民宜人,受禄于天。保佑命之,自天申之。'⑥故大德者必受命。"

注 释

① 宗庙:古代天子、诸侯祭祀先王的地方。飨(xiǎng):一种祭祀形式,祭先王。之:代词,指舜。

② 材:资质,本性。

③ 笃:厚,这里指厚待。

④ 培：培育。

⑤ 覆：倾覆，摧败。

⑥ "嘉乐君子……"：引自《诗经·大雅·假乐》。嘉乐：即《诗经》之《假乐》，"假"通"嘉"，意为美善。宪宪：《诗经》作"显显"，显明兴盛的样子。令：美好。

译　文

孔子说："舜该是最孝顺的人了吧？德行方面是圣人，地位上是尊贵的天子，财富方面他拥有整个天下，后世在宗庙里祭祀他，子子孙孙都保持祭祀不断。所以，有大德的人必定得到他应得的地位，必定得到他应得的财富，必定得到他应得的名声，必定得到他应得的长寿。所以，上天生养万物，必定根据它们的资质而厚待它们。能成材的得到培育，不能成材的就遭到淘汰。《诗经》说：'高尚优雅的君子，有光明美好的德行，让人民安居乐业，享受上天赐予的福禄。上天保佑他，任用他，给他以重大的使命。'所以，有大德的人必定会承受天命。"

第十八章

子曰："无忧者其惟文王①乎！以王季②为父，以武王③为子，父作之④，子述之⑤。武王缵⑥大王、王季、文王之绪⑦，壹戎衣⑧而有天下,身不失天下之显名,尊为天子,富有四海之内,宗庙飨之,子孙保之。武王末⑨受命,周公⑩成文武之德,追王⑪大王、王季,上祀先公以天子之礼。斯礼也,达乎诸侯、大夫⑫及士、庶人⑬。父为大夫,子为士,葬以大夫,祭以士;父为士,子为大夫,葬以士,祭以大夫。期之丧⑭达乎大夫,三年之丧达乎天子,父母之丧无贵贱,一也。"

注 释

① 文王:指周文王,西周开国君主,古公亶父的孙子,商末周族的领袖,姓姬名昌,在位五十年,统治期间,国力强盛,晚年自号文王。

② 王季:古公亶父的儿子,文王之父,名季烈,号称西伯,为殷纣时西方诸侯之长。周太王古公亶父卒,季烈嗣立,修太王的遗业,笃于行义,传位于文王。文王之子周武王即位后,追尊季烈为王季。

③ 武王:西周王朝的建立者,姓姬,名发,他继承父亲文王的遗志,灭掉殷商,建立周朝,建都于镐(今陕西省西安市南丰水东岸)。

④ 父作之:指父亲王季为文王开创了基业。作:开创。

⑤ 子述之:指儿子武王继承文王的遗志,完成统一大业。述:继承。

⑥ 缵(zuǎn):继续,继承。大王:即王季之父古公亶父。这里"大"字古读"太"。

⑦ 绪:事业,这里指前人未竟的功业。《诗经·鲁颂·必宫》:"缵禹之绪。"

⑧ 壹戎衣:即歼灭大殷。壹:同"殪",歼灭。戎:大。衣:"殷"之误读。郑玄注:"衣读为殷,声之误也,齐人言殷声如衣。"据《尚书·康诰》:"天乃大命文王,殪戎殷。"另一说,一披挂战袍就伐纣取胜夺得了天下。

⑨ 末:老,指周武王的晚年。

⑩ 周公:西周初年政治家,姓姬名旦,武王同母弟,武王死后,其子成王诵继位,因年幼,由周公代行国政,故又称"叔旦",因采邑在周地(今陕西岐山北),又称"周公"。周公曾帮助武王灭纣,武王卒时,成王尚幼,于是他摄理朝政。他的兄弟管叔、蔡叔、霍叔等人不服,便与武庚及东方夷族联合反叛。东征之后,周公大规模地分封诸侯,并营建洛邑(在今河南洛阳)作为东都,还制礼作乐,建立典章制度。《尚书》中的《大浩》《康诰》《多士》《无逸》《立政》等篇章中都记载有他的言论。

⑪ 追王:后代加封先祖以"王"的称号叫追王。王:动词用法,即尊……为王。

⑫ 达:到,至。诸侯:指西周、春秋时天子分封的各国国君。按规定诸侯必须服从天子的命令,并定期向天子朝贡述职,而且有出

军赋和服役的义务。按礼规定,其所属上卿应由天子任命,但在其封疆内,世代掌握着统治大权。《国语·周语上》:"诸侯春秋受职于王,以临其民。"大夫:古代国君之下有卿、大夫、士三级。

⑬ 及:推及。士:在古代商、西周、春秋时期,士是级别最低的贵族阶层。春秋时,士多为卿、大夫的家臣,有的有食田,有的以俸禄为生。《国语·晋语四》:"大夫食邑,士食田。"庶人:西周以后对农业生产者的称呼,其地位次于士而高于"工商皂隶"。周王常以庶人作为赏赐臣下的礼物。

⑭ 期之丧:一周年的守丧期。期:指一整年。丧:丧礼,指处理死者殡殓奠葬和拜跪哭泣的礼节,古为"凶礼"之一。

译 文

孔子说:"没有忧虑的人,大概只有文王吧!王季是他的父亲,武王是他的儿子。父亲开创基业在前,儿子又继承他完成大业在后。武王继承了太王、王季和文王的事业,一战而灭掉了殷商,取得了天下。(周武王这种以下伐上的行动)不仅没有使他自身失掉显赫的名声,反而被推尊为天子,拥有四海之内的一切。后世建宗庙奉祀他,子子孙孙永远保持祭祀不断。武王在晚年才受天命为天子,周公完成了文王、武王的德行和事业,把太王和王季都追尊为王,用天子的礼仪去奉祀数代以上的祖先。这种礼仪一直贯彻到诸侯、大夫以至士人和庶人。假如父亲是大夫,儿子是士,下葬他父亲时就用大夫的礼节,而祭祀他父亲时得用士的礼节。假如父亲是士,儿子是大夫,下葬他父亲时就用士的礼节,而祭祀他父亲时就得用大夫的礼节。为期一年的丧制,只适用到大夫为止。

为期三年的丧制,一直适用到天子为止。父母的丧礼,没有贵贱的分别,都是一样的。"

第十九章

子曰:"武王、周公其达孝矣乎!夫孝者,善继人之志、善述人之事者也。春秋修其祖庙,陈其宗器①,设②其裳衣,荐其时食。宗庙之礼,所以序昭穆也。序爵,所以辨贵贱也。序事,所以辨贤也;旅③酬下为上,所以逮④贱也;燕毛⑤,所以序齿也。践其位,行其礼,奏其乐,敬其所尊,爱其所亲,事死如事生,事亡如事存,孝之至也。郊社之礼,所以事上帝也。宗庙之礼,所以祀乎其先也。明乎郊社之礼、禘尝⑥之义,治国其如示诸掌乎!"

注 释

① 宗器:宗庙祭器。
② 设:摆设、陈列。
③ 旅:众人。
④ 逮:逮及、达到。
⑤ 燕毛:泛指宴饮时年长者居上位的礼节。
⑥ 禘尝:按周礼,夏祭曰禘,秋祭曰尝,古代常用以指天子诸侯岁时祭祖的大典。

译 文

孔子说:"武王、周公,他们可以算达到了孝的最高标准了吧!孝的标准,就是善于继承先人的意志,和善于完成先人的事业。在春秋祭祀时期,要整修祖庙,陈列祭器,摆设祖先遗留下来的衣裳,进献时令食品。宗庙的礼仪,是用来排定昭、穆的次序的。排定爵位次序,是用来分辨贵贱的。排定祭祀时各种职事的次序,是用来分辨贤能的高低。当众人相敬饮酒的时候,位卑年幼的向尊长敬酒,就是使礼仪贯彻到地位低下的人身上。根据头发的黑白颜色决定宴席的座次,是用以排列年龄大小的。各人站在排定的位置上,行使祭祀的礼节,奏起祭祀的音乐,对于所应尊敬的祖先加以尊敬,对于所应亲爱的祖先加以亲爱,侍奉死亡的祖先像他生时一样,侍奉亡故的祖先像他还存在时一样。这就是孝的最高标准。祭天祭地的礼节,是用来侍奉上帝的。宗庙的祭礼,是用来祭祀祖先的。明白了祭天祭地的祭礼和禘、尝的意义,治理国家的道理就像看着自己手掌上的东西那样明白容易了！"

第二十章

哀公①问政。子曰："文武之政，布在方策②。其人③存则其政举，其人亡则其政息④。人道敏⑤政，地道敏树。夫政也者，蒲卢⑥也。故为政在人，取人以身，修身以道，修道以仁。仁者，人也，亲亲为大；义者，宜也，尊贤为大。亲亲之杀⑦，尊贤之等，礼所生也。故君子不可以不修身，思修身不可以不事亲，思事亲不可以不知人，思知人不可以不知天。"

天下之达道五，所以行之者三。曰君臣也，父子也，夫妇也，昆弟⑧也，朋友之交也，五者天下之达道也。知、仁、勇三者，天下之达德也。所以行之者一也。或生而知之,或学而知之,或困而知之,及其知之,一也。或安而行之,或利而行之,或勉强而行之,及其成功,一也。

子曰:"好学近乎知,力行近乎仁,知耻近乎勇。知斯三者,则知所以修身;知所以修身,则知所以治人;知所以治人,则知所以治天下国家矣。"

凡为天下国家有九经⑨:曰修身也,尊贤也,亲亲也,敬大臣也,体⑩群臣也,子庶民⑪也,来百工⑫也,柔远人⑬也,怀⑭诸侯也。修身则道立,尊贤则不惑,亲亲则诸父昆弟不怨,敬大臣则不眩,体群臣则士之报礼重,子

中庸

庶民则百姓劝⑮，来百工则财用足，柔远人则四方归之，怀诸侯则天下畏之。

齐明盛服，非礼不动，所以修身也。去谗⑯远色，贱货而贵德，所以劝贤也。尊其位，重其禄，同其好恶，所以劝亲亲也。官盛⑰任使，所以劝大臣也。忠信重禄，所以劝士也。时使薄敛⑱，所以劝百姓也。日省月试⑲，既廪称事⑳，所以劝百工也。送往迎来，嘉善而矜㉑不能，所以柔远人也。继绝世㉒，举废国㉓，治乱持㉔危，朝聘㉕以时，厚往而薄来，所以怀诸侯也。凡为天下国家有九经，所以行之者一也。

凡事豫㉖则立，不豫则废。言前定则不

跆㉗，事前定则不困，行前定则不疚，道前定则不穷。

在下位不获乎上，民不可得而治矣。获乎上有道，不信乎朋友，不获乎上矣。信乎朋友有道，不顺乎亲，不信乎朋友矣。顺乎亲有道，反诸身不诚，不顺乎亲矣。诚身有道，不明乎善，不诚乎身矣。㉘

诚者，天之道也。诚之者，人之道也。诚者，不勉而中，不思而得，从容中道，圣人也。诚之者，择善而固执之者也。

博学之，审问之，慎思之，明辨之，笃行之。有弗学，学之弗能弗措㉙也；有弗问，问之弗知弗措也；有弗思，思之弗得弗措也；有弗辨,辨之弗明弗措也;有弗行,行之弗笃弗措也。人一能之,己百之;人十能之,己千之。果能此道矣,虽愚必明,虽柔必强。

注 释

① 哀公:春秋时鲁国国君,姓姬,名蒋,"哀"是谥号。

② 布:陈列,记载。方:书写用的木板。策:书写用的竹简。

③ 其人:指文王、武王。

④ 息:灭,消失。

⑤ 敏:勉力,用力,致力。

⑥ 蒲卢:芦苇。芦苇性柔而具有可塑性。

⑦ 杀(shài):亲疏或等级。

⑧ 昆弟:兄和弟,也包括堂兄堂弟。

⑨ 九经:九条准则。经:准则。

⑩ 体:体察,体恤。

⑪ 子庶民:以庶民为子。子:动词。庶民:平民。

⑫ 来:招来。百工:各种工匠。

⑬ 柔远人:安抚边远地方来的人。

⑭ 怀:安抚。

⑮ 劝:勉力,努力。

⑯ 谗:说别人的坏话,这里指说坏话的人。

⑰ 盛:多。任使:足够使用。

⑱ 时使:指使用百姓劳役有一定时间,不误农时。薄敛:赋税轻。

⑲ 省:视察。试:考核。

⑳ 既(xì):"饩",指赠送别人粮食或饲料。廪:给予粮食。称:符合。

㉑ 矜:怜悯,同情。

㉒ 继绝世:延续已经中断的家庭世系。

㉓ 举废国:复兴已经没落的邦国。

㉔ 持:扶持。

㉕ 朝聘:诸侯定期朝见天子。每年一见叫小聘,三年一见叫大聘,五年一见叫朝聘。

㉖ 豫:同"预"。

㉗ 跲(jiá):说话不通畅。

㉘ 这一段与《孟子·离娄上》中一段基本相同。到底是《中庸》引《孟子》还是《孟子》引《中庸》,不好断定。张岱年先生在《中国哲学史史料学》中认为《孟子》引《中庸》。

㉙ 弗措:不罢休。弗:不。措:停止,罢休。

译 文

鲁哀公询问政事。孔子说:"周文王、周武王的政事都记载在木板、竹简之上了。他们在世,这些政事就实施;他们去世,这些政事也就废弛了。人的性能可以勉力推行政法,地的性能可以勉力繁育草木。说起来,政事就像芦苇一样,完全取决于用什么人。国君要得到适用的人在于修养自己,修养自己在于遵循大道,遵循大道要从仁义做起。仁就是爱人，亲爱亲族是最大的仁。义就是事事做得适宜，尊重贤人是最大的义。至于说亲爱亲族要分亲疏，尊重贤人要有等级，这都是礼的要求。所以，君子不能不修养自己；要修养自己，不能不侍奉亲族；要侍奉亲族，不能不知晓人道；要知晓人道，不能不知道天理。"

天下人共有的伦常关系有五项，用来处理这五项伦常关系的德行有三种。君臣之道、父子之道、夫妇之道、兄弟之道、朋友之道，这五项是天下共通的伦常关系；智、仁、勇，这三种是用来处理这五项伦常关系的德行。至于这三种德行的实施，道理都是一样的。比如说，有的人生来就知道它们，有的人通过学习才知道它们，有的人要遇到困难后才知道它们，但只要他们最终都知道了，也就是一样的了。又比如说，有的人自觉自愿地去做，有的人为了某种好处才去做，有的人勉勉强强地去做，但只要他们最终都成功，也就是一样的了。

孔子说："喜欢学习就接近了智，努力行善就接近了仁，知道羞耻就接近了勇。知道这三点，就知道怎样修养自己；知道怎样修养自己，就知道怎样管理他人；知道怎样管理他人，就知道怎样治理天下国家了。"

治理天下国家有九条原则。那就是：修养自身，尊崇贤人，亲爱亲族，敬重大臣，体恤群臣，爱民如子，招纳工匠，优待远客，安抚诸侯。修养自身就能确立正道；尊崇贤人就不会思想困惑；亲爱亲族就不会惹得叔伯兄弟怨恨；敬重大臣就不会遇事无措；体恤群臣，士人们就会竭力报效；爱民如子，老百姓就会互相劝勉侍奉君上；招纳工匠，财物就会充足；优待远客，四方百姓就会归顺；安抚

诸侯,天下的人都会敬畏了。

像斋戒那样净心虔诚,穿着庄重整齐的服装,不符合礼仪的事坚决不做,这是为了修养自身;驱除小人,疏远女色,看轻财物而重视德行,这是为了尊崇贤人;提高亲族的地位,给他们丰厚的俸禄,与他们爱憎相一致,这是为了亲爱亲族;属官甚多,供他们使用,这是为了敬重大臣;真心诚意地任用他们,并给他们较多的俸禄,这是为了体恤群臣;使用民役不误农时,少收赋税,这是为了爱民如子;经常视察考核,按劳付酬,这是为了招纳工匠;来时欢迎,去时欢送,嘉奖有才能的人,救济有困难的人,这是为了优待远客;延续绝后的家族,复兴灭亡的小国,治理祸乱,扶持危难,按时接受朝见,赠送丰厚,纳贡菲薄,这是为了安抚诸侯。总而言之,治理天下国家有九条原则,但实行这些原则的道理都是一样的。

任何事情,事先有准备就会成功,没有准备就会失败。说话先有准备,就不会中断;做事先有准备,就不会受挫;行为先有准备,就不会后悔;道路预先选定,就不会走投无路。

在下位的人,如果得不到在上位的人的信任,就不可能治理好平民百姓。得到在上位的人的信任有办法,得不到朋友的信任就得不到在上位的人的信任;得到朋友的信任有办法,不孝顺父母就得不到朋友的信任;孝顺父母有办法,自己不真诚就不能孝顺父母;使自己真诚有办法,不明白什么是善就不能够使自己真诚。

真诚是天赋的道理,追求真诚是做人的原则。天生真诚的人,不用勉强就能做到,不用思考就能拥有,自然而然地符合上天的原则,这样的人是圣人。努力做到真诚,就要选择美好的目标执着追求。

广泛学习,详细探究,周密思考,明确辨别,切实实行。要么不学,学不会绝不罢休;要么不问,问了没有明白绝不罢休;要么不想,想了没有所得绝不罢休;要么不分辨,没有分辨明白绝不罢休;要么不做,做了没有成效绝不罢休。别人用一分努力就能做到的,我用一百分的努力去做;别人用十分的努力做到的,我用一千分的努力去做。如果真能够做到这样,虽然愚笨也一定可以聪明起来,虽然柔弱也一定可以刚强起来。

第二十一章

自诚明①谓之性,自明诚谓之教。诚则②明矣,明则诚矣。

注释

① 自:从,由。明:明白。
② 则:即,就。

译文

由真诚而自然明白道理,这叫作天性;由明白道理后做到真诚,这叫作教化。真诚也就会自然明白道理,明白道理后也就会做到真诚。

第二十二章

唯天下至诚为能尽其性①,能尽其性则

能尽人之性,能尽人之性则能尽物之性,能尽物之性则可以赞天地之化育②,可以赞天地之化育则可以与天地参矣③。

注 释

① 尽其性:充分发挥本性。
② 赞:帮助。化育:化生和养育。
③ 与天地参:与天地并列为三。

译 文

只有天下至诚的人才能充分发挥他的本性;能充分发挥他的本性,就能充分发挥人类的本性;能充分发挥人类的本性,就能充分发挥万物的本性;能充分发挥万物的本性,就可以帮助天地孕育生命;能帮助天地孕育生命,就可以与天地并列为三了。

第二十三章

其次致曲①。曲能有诚。诚则形②,形则著③,著则明④,明则动,动则变,变则化⑤。唯天下至诚为能化。

注释

① 其次：次一等的人，即次于"自诚明"的圣人的人，也就是贤人。致曲：致力于某一方面。曲：偏。

② 形：显露，表现。

③ 著：显著。

④ 明：昭明。

⑤ 化：教化。

译文

比圣人次一等的贤人致力于某一方面，致力于某一方面也能做到真诚。做到了真诚就会表现出来，表现出来就会逐渐显著，显著了就会昭明，昭明就会感动他人，感动他人就会引起转变，引起转变就能完成教化。只有天下最真诚的人才能完成教化。

第二十四章

至诚之道，可以前知①。国家将兴，必有祯祥②；国家将亡，必有妖孽③。见乎蓍龟④，动乎四体⑤。祸福将至，善必先知之，不善必先知之。故至诚如神⑥。

注释

① 前知：预知未来。
② 祯祥：吉祥的预兆。
③ 妖孽：物类反常的现象。草木之类称妖，虫豸之类称孽。
④ 见(xiàn)：表现。蓍(shī)龟：蓍草和龟甲，用来占卜。
⑤ 四体：手足，指动作仪态。
⑥ 如神：如神一样微妙，不可言说。

译文

掌握至诚之道可以预知未来。国家将要兴旺，必然有吉祥的征兆；国家将要衰亡，必然有不祥的反常现象。这些预兆表现在蓍草、龟甲上，活动于手脚动作上。祸福将要来临时，是福可以预先知道，是祸也可以预先知道。所以掌握至诚之人就像神灵一样。

第二十五章

诚者自成①也，而道自道②也。诚者物之终始，不诚无物，是故君子诚之为贵。诚者非自成己而已也，所以成物也。成己，仁也；成物，知也。性之德也，合外内之道也，

故时措之宜也。

注　释

① 自成：自我成全，也就是自我完善的意思。
② 自道：自我履行。

译　文

真诚是自我完成的，而道是自己履行的。真诚通贯万物的始终，没有真诚就没有事物。因此君子以真诚为贵。不过，真诚并不是自我完善就够了，而是还要完善事物。自我完善是仁，完善事物是智。仁和智是出于本性的德行，是融合自身与外物的准则，所以任何时候施行都是适宜的。

第二十六章

故至诚无息①。不息则久，久则征②，征则悠远，悠远则博厚，博厚则高明。博厚所以载物也，高明所以覆物也，悠久所以成物也。博厚配地，高明配天，悠久无疆③。如此者，不见而章④不动而变，无为而成。

天地之道可一言⑤而尽也。其为物不贰⑥，则其生物不测。天地之道，博也，厚也，高也，明也，悠也，久也。

今夫天，斯昭昭之多⑦，及其无穷也，日月星辰系焉，万物覆焉。今夫地，一撮土之多，及其广厚，载华岳⑧而不重，振⑨河海而不洩，万物载焉。今夫山，一卷石⑩之多，及其广大，草木生之，禽兽居之，宝藏兴焉。今夫水，一勺之多，及其不测⑪，鼋鼍蛟龙鱼鳖生焉，货财殖焉。

《诗》曰"惟天之命，於穆不已"⑫，盖曰天之所以为天也。"於乎不显，文王之德之纯"，盖曰文王之所以为文也，纯亦不已。

注 释

① 息：止息，休止。

② 征：征验，显露于外。

③ 无疆：无穷无尽。

④ 见(xiàn)：显现。章：即彰，彰明。

⑤ 一言：一句话。

⑥ 不贰：诚是忠诚如一，所以不贰。

⑦ 斯：此。昭昭：光明。

⑧ 华岳：华山。

⑨ 振：通"整"，整治，引申为约束。

⑩ 一卷(quán)石：一拳头大的石头。卷：通"拳"。

⑪ 不测：不可测度，指浩瀚无涯。

⑫《诗》云：以下两句诗均引自《诗经·周颂·惟天之命》。惟：语气词。於(wū)：语气词。穆：深远。不已：无穷。不：通"丕"，即大；显：明显。

译 文

所以，至诚是没有停息的。没有停息就会保持长久，保持长久就会显露出来，显露出来就会悠远，悠远就会广博深厚，广博深厚就会高大光明。广博深厚的作用是承载万物，高大光明的作用是覆盖万物，悠远长久的作用是生成万物。广博深厚可以与地相比，高大光明可以与天相比，悠远长久则是永无止境。达到这样的境界，不表现也会明显，不行动也会改变，无所作为也会有所成就。

天地的法则，简直可以用一句话来囊括：诚本身专一不二，所以生育万物的奥秘就深不可测。天地的法则，就是广博、深厚、高大、光明、悠远、长久。

今天我们所说的天，说小，就这么一块昭明的所在，而论及它的无穷，上面悬着日月星辰，世界万物都靠它覆盖。今天我们所说的地，原本不过是一撮土的大小，论及它的广博深厚时，承载像华山那样的山也不觉得重，容纳那众多的江河湖海也不会泄漏，世间万物都由它承载了。今天我们所说的山，原本不过是由拳头大的石块组成，可论及它的高大无比时，草木在上面生长，禽兽在里面居住，宝藏从山内开发。今天我们所说的水，原本不过是小小的一勺，可论及它的浩瀚无涯时，蛟龙鱼鳖等都在里面生长，珍珠、珊瑚等有价值的东西都在里面繁殖。

《诗经》说："天命多么深远啊，庄严肃穆地运转不已！"这大概就是天之所以为天的原因吧。"多么显赫光明啊，文王的品德纯真无二！"这大概就是说的文王之所以被称为文王的原因吧。纯德也是没有止息的。

第二十七章

大哉圣人之道，洋洋①乎发育万物，峻极于天，优优②大哉！礼仪③三百，威仪④三千，待其人⑤然后行。故曰"苟不至德⑥，至道不凝⁷焉"。故君子尊德性而道问学⁸，致广大而尽精微，极高明而道中庸，温故而知新，敦厚以崇礼。是故居上不骄，为下不倍⑨。国有道其言足以兴，国无道其默足以容⑩。《诗》曰"既明且哲，以保其身"⑪，其此之谓与！

注释

① 洋洋：盛大，浩瀚无边。

② 优优：充足有余的样子。

③ 礼仪：又称经礼，指礼的大纲，是古代礼制中的主要规则。

④ 威仪：礼的细目，是古代礼制中的日常礼节，即《仪礼》所载的行为规范及冠、婚、丧、祭等仪节之属。据传，西周时制定有礼仪三百六十项，威仪三千多条，故一般说"礼仪三百，威仪三千"。

⑤ 其人：指圣人。

⑥ 苟不至德：如果没有极高的德行。苟：如果。

⑦ 凝：凝聚，引申为成功。

⑧ 问学：询问，学习。

⑨ 倍：通"背"，背弃，背叛。

⑩ 容：容身，指保全自己。

⑪ "既明且哲，以保其身"：引自《诗经·大雅·烝民》。哲：智慧，指通达事理。

译　文

伟大啊，圣人之道！浩瀚无边，生养万物，与天一样崇高。充足有余啊！礼仪三百条，威仪三千条，这些都有待于圣人来实行。所以说，如果没有极高的德行，就不能凝聚形成极高的道。因此，君子尊崇道德修养而追求知识学问，达到广博境界而又钻研精微之处，洞察一切而又奉行中庸之道，温习已有的知识从而获得新知识，诚心诚意地崇奉礼节。所以身居高位不骄傲，身居低位不自弃。国家政治清明时，他的言论足以振兴国家；国家政治黑暗时，他的沉默足以保全自己。《诗经》说："既明智又通达事理，可以保全自身。"大概就是说的这个意思吧！

第二十八章

子曰："愚而好自用①，贱而好自专②，生乎今之世，反③古之道，如此者，灾及其身者也。"

非天子不议礼，不制度④，不考文⑤。今

天下车同轨,书同文,行同伦⑥,虽有其位,苟无其德,不敢作礼乐焉;虽有其德,苟无其位,亦不敢作礼乐焉。

子曰:"吾说夏礼⑦,杞不足征也⑧。吾学殷礼⑨,有宋⑩存焉。吾学周礼⑪,今用之,吾从周。"⑫

注 释

① 自用:凭自己主观意图行事,自以为是,不听别人意见,即刚愎自用的意思。

② 自专:独断专行。

③ 反:通"返",恢复。

④ 制度:在这里作动词用,指制定法度。

⑤ 考文:考定文字规范,这里含有以政府命令加以考定公布之意。

⑥ 车同轨,书同文,行同伦:车同轨指车辙的距离一致,书同文指文字统一,行同伦指伦理道德相同。这种情况是秦始皇统一六国后才出现的,据此知道《中庸》有些章节的确是秦代儒者所增加的。

⑦ 夏礼:夏朝的礼制。

⑧ 杞:古代国名,传说是周武王封夏禹的后代于此,在今河南

杞县一代。征：验证。

⑨ 殷礼：殷朝的礼制。商朝从盘庚迁都至殷（今河南安阳）到纣亡国，一般称为殷代，整个商朝也称商殷或殷商。

⑩ 宋：古代国名，商汤的后代居此，在今河南商丘一代。

⑪ 周礼：周朝的礼制。

⑫ 以上这段孔子的话也散见于《论语·八佾》《论语·为政》。

译 文

孔子说："愚昧却喜欢自以为是，卑贱却喜欢独断专行。生于现在的时代却一心想返回古代的治国路线。这样做，灾祸一定会降临到自己的身上。"

不是天子就不要议定礼仪，不要制定法度，不要考定文字规范。即便如今天下一统，天下车辙的距离一致，文字统一，伦理道德相同，虽有天子之位，如果没有相应的德行，是不敢制礼作乐的；虽然有相应的德行，如果没有相应的地位，也是不敢制礼作乐的。

孔子说："我谈论夏朝的礼制，夏的后裔杞国却不足以验证它；我学习殷朝的礼制，殷的后裔宋国还残存着它；我学习周朝的礼制，现在还实行着它，所以我遵从周礼。"

第二十九章

王天下有三重焉①，其寡过矣乎！上焉者②虽善无征，无征不信，不信民弗从；下焉者③虽善不尊，不尊不信，不信民弗从。

故君子之道，本诸身，征诸庶民，考诸三王④而不缪，建⑤诸天地而不悖，质⑥诸鬼神而无疑，百世以俟⑦圣人而不惑。质诸鬼神而无疑，知天也。百世以俟圣人而不惑，知人也。是故君子动而世为天下道⑧，行而世为天下法，言而世为天下则，远之则有望⑨，近之则不厌。

《诗》曰："在彼无恶，在此无射。庶几夙夜，以永终誉。"⑩君子未有不如此而蚤⑪有誉于天下者也。

注 释

① 王（wàng）：作动词用，指称王于天下，统治天下。三重：三件很重要的事，即仪礼、制度、考文。

② 上焉者：指在上位的人，即君王。

③ 下焉者：指在下位的人，即臣下。

④ 三王：指夏、商、周三代的开国君主夏禹、商汤、周文王和周武王。

⑤ 建：建立。

⑥ 质：质询，询问。

⑦ 俟：待。

⑧ 道：通"导"，先导。

⑨ 望：威望。

⑩ "《诗》曰"句：引自《诗经·周颂·振鹭》。射(yì)：《诗经》本作"斁"，厌弃的意思。庶几(jī)：几乎。夙(sù)夜：早晚，夙，早。

⑪ 蚤：通"早"。

译　文

治理天下能够做好议定礼仪、制定法度、考定文字规范这三件重要的事，如果做得好，也就没有什么大的过失了吧！在上位的人，虽然行为很好，但如果没有征验的话，就不能使人信服，不能使人信服，老百姓就不会听从。在下位的人，虽然行为很好，但由于没有尊贵的地位，也不能使人信服，不能使人信服，老百姓就不会听从。

所以君子治理天下应该以自身的德行为根本，并从老百姓那里得到征验。考查夏、商、周三代先王的做法而没有悖谬，立于天地之间而没有悖乱，质询于鬼神而没有疑问，等候百世以后之圣人的审议而心不惶惑。质询于鬼神而没有疑问，这是知道天理；等候百世以后圣人的审议而心不惶惑，这是知道人意。所以君子的举

中庸

止能世世代代成为天下的先导,行为能世世代代成为天下的法度,语言能世世代代成为天下准则。离君王远的人常有仰望之情,离君王近的人永无厌倦之意。

《诗经》说:"在那里没有人憎恶,在这里没有人厌烦,日日夜夜操劳啊,为了保持美好的名望。"君子没有不这样做而能够早早名扬天下的。

第三十章

仲尼祖述①尧舜,宪章②文武,上律天时,下袭③水土。辟如天地之无不持载,无不覆帱④;辟如四时之错行⑤,如日月之代明⑥。万物并育而不相害,道并行而不相悖。小德川流,大德敦化⑦。此天地之所以为大也。

注 释

① 祖述:效法、遵循前人的行为或学说。

② 宪章:遵从,效法。

③ 袭:因袭、符合。

④ 覆帱(dào):覆盖。

⑤ 错行:交替运行,流动不息。

⑥ 代明:交替光明,循环变化。

⑦ 敦化:使万物敦厚纯朴。

译 文

孔子远承并称述尧舜,以文王、武王为典范,上遵循天时,下符合地理。圣人之德就像天地那样没有什么不承载,没有什么不覆盖;又好像四季的交错运行,日月的更迭照耀。万物一起生长而互不妨害,道路同时并行而互不冲突。小的德行如河水一样长流不息,大的德行使万物敦厚纯朴。这就是天地的伟大之处啊!

第三十一章

唯天下至圣,为能聪明睿知①足以有临②也,宽裕③温柔足以有容④也,发强⑤刚毅足以有执⑥也,齐庄中正⑦足以有敬也,文理⑧密察足以有别⑨也。

溥博渊泉而时出之⑩,溥博如天,渊泉如渊。见⑪而民莫不敬,言而民莫不信,行而民莫不说⑫。是以声名洋溢⑬乎中国,施及蛮貊⑭,舟车所至,人力所通,天之所覆,地之所载,日月所照,霜露所队⑮,凡有血气者莫不尊亲⑯,故曰配天。

注 释

① 睿(ruì)知:聪明智慧。知:通"智"。

② 有临:居上临下。临:本指高处朝向低处,后引申为上对下之称。《论语·为政》:"临之以庄,则敬。"

③ 宽裕:宽指广大,裕指舒缓。

④ 有容:容纳,包容。

⑤ 发强:发即奋发,强即勇力。

⑥ 有执:操持决断天下大事。

⑦ 齐庄:恭敬庄重。中正:不偏不倚。

⑧ 文理:条理。密察:详察细辨。

⑨ 有别:辨别是非正邪。

⑩ 溥博:辽阔广大。溥:普遍,辽阔。渊泉:深潭。《列子·黄帝》:"心如渊泉,形如处女。"渊泉后引申为思虑深远。而时出之:出即溢出,表现于外。

⑪ 见:表现,指仪容。

⑫ 说:通"悦",喜悦。

⑬ 洋溢:广泛传播。

⑭ 施及：蔓延，传到。蛮貊：古代两个边远部族的名称。

⑮ 队：通"坠"，坠落。

⑯ 尊亲：尊重、亲近。

译文

只有天下最为圣明的人，才能聪明且富有智慧，足以统治民众；宽裕温柔，足以容纳天下的人和事；雄强刚毅，足以执掌天下大事；庄重中正，足以得到民众的敬重；条理密察，足以分辨是非。

他们的美德既广博又深远，而且随时会表现出来；广博得就像天一样，而深远得又如水渊一般。美德表现在仪容上，那么民众没有不敬重的；美德表现在言语中，那么民众没有不信从的；美德表现在行动上，那么民众没有不喜欢的。因此他们扬名整个国家，甚至传播到偏远地区。凡是船只、车辆所能到达的地方，人们所能通行的地方，上天所能覆盖的地方，大地所能承载的地方，日月所照耀的地方，霜露所坠落的地方，凡是有血气的人，没有不尊重、亲近圣人的，所以说圣人的美德可以和天相配。

第三十二章

唯天下至诚为能经纶①天下之大经，立天下之大本②，知天地之化育。夫焉有所倚？肫肫③其仁，渊渊其渊④，浩浩其天⑤。苟不固⑥聪明圣知达天德者⑦，其孰能知之⑧？

注释

①经纶：原指在用蚕丝纺织以前整理丝缕，这里引申为治理国家大事，创制天下的法规。经：纺织的经线，引申为常道、法规。

②大本：根本大德。本：根本。

③肫肫：与"忳忳"同，诚挚的样子。郑玄注："肫肫，读如'海尔忳忳'之'忳'。忳，恳诚貌也。"

④渊渊其渊：意为圣人的思虑如潭水一般幽深。渊渊：水深。《庄子·知北游》："渊渊乎其若海。"

⑤浩浩其天：圣人的美德如苍天一般广阔。浩浩：原指水势浩大的样子。《尚书·尧典》："汤汤洪水方割，荡荡怀山襄陵，浩浩滔天。"这里浩浩引申为广阔。

⑥固：实在、确实。

⑦达天德者：通达天赋美德的人。达：通达，通贯。

⑧其孰能知之：之为代词，指文中首句中"天下至诚"。

译文

只有天下至诚的人，才能制订天下的法规，树立天下的根本大德，懂得天地化育万物的道理。这怎么会有偏倚呢？他的仁心那么诚挚！他的思虑像潭水那么深邃！他的德行像上天那么广阔！如果不是确实聪明圣哲、通达天赋美德的人，谁又能了解这些呢？

第三十三章

《诗》曰"衣锦尚絅①",恶其文之著也。故君子之道闇然②而日章,小人之道的然③而日亡。君子之道,淡而不厌,简而文,温而理,知远之近,知风之自,知微之显,可与入德矣。

《诗》云:"潜虽伏矣,亦孔之昭。"④故君子内省不疚,无恶于志。君子之所不可及者,其唯人之所不见乎!《诗》云:"相在尔室,尚不愧于屋漏。"⑤故君子不动而敬,不言而信。

《诗》曰:"奏假无言,时靡有争。"⑥是故君子不赏而民劝,不怒而民威于鈇钺⑦。

《诗》曰:"不显惟德,百辟其刑之。"⑧是故君子笃恭而天下平。

《诗》云:"予怀明德,不大声以色。"⑨子曰:"声色之于以化民,末也。"《诗》曰"德𬨎如毛"⑩,毛犹有伦⑪;"上天之载,无声无臭"⑫,至矣。

注　释

①　衣(yì):此处作动词用,指穿衣。锦:指色彩鲜艳的衣服。尚:加在上面。䌹(jiǒng):同"褧",用麻布制的罩衣。

②　闇然:隐藏不露。

③　的(dí)然:鲜明,显著。

④　潜虽伏矣,亦孔之昭:引自《诗经·小雅·正月》。孔:很。昭:明显。

⑤　相在尔室,尚不愧于屋漏:引自《诗经·大雅·抑》。相:注视。屋漏:指古代室内西北角设小帐的地方,相传是神明所在,所以这里以屋漏代指神明。不愧屋漏喻指心地光明,不在暗中做坏事,起坏念头。

⑥　奏假无言,时靡有争:引自《诗经·商颂·烈祖》。奏:进奉。

假(gé)：通"格"，即感通，指诚心能与鬼神或外物互相感应。靡(mǐ)：没有。

⑦ 鈇(fǔ)钺(yuè)：古代执行军法时用的斧子。

⑧ 不显惟德，百辟其刑之：引自《诗经·周颂·烈文》。不显："不"通"丕"，不显即大显。辟(bì)：诸侯。刑：通"型"，示范，效法。

⑨ 予怀明德，不大声以色：引自《诗经·大雅·皇矣》。声：号令。

⑩ 德輶如毛：引自《诗经·大雅·烝民》。輶(yóu)：古代一种轻便车，引申为轻。

⑪ 伦：比。

⑫ 上天之载，无声无臭：引自《诗经·大雅·文王》。臭(xiù)：气味。

中庸

译 文

《诗经》说："身穿锦绣衣服，外面罩件套衫。"这是为了避免锦衣花纹太显露。所以，君子的道表面暗淡而日益彰明；小人的道显露无遗而日益消亡。君子的道，平淡而令人不厌，简略而有文采，温和而有条理，由近知远，由风知源，由微知显，这样，就可以进入道德的境界了。

《诗经》说："潜藏虽然很深，但也会很明显的。"所以君子自我反省没有愧疚，没有恶念头存于心志之中。君子的德行之所以高于一般人，大概就是在这些不被人看见的地方吧？《诗经》说："看你独自在室内的时候，是不是能无愧于神明。"所以，君子就是在没做什么事的时候也能得到别人的尊敬的，就是在没有说什么的时候也能得到人们的信任的。

《诗经》说:"进奉诚心,感通神灵,肃穆无言,没有争执。"所以,君子不用赏赐,老百姓也会互相劝勉;不用发怒,老百姓也会畏惧甚于斧钺的刑罚。

《诗经》说:"弘扬那德行啊,诸侯们都来效法。"所以,君子笃实恭敬就能使天下太平。

《诗经》说:"我怀有光明的品德,不用厉声厉色。"孔子说:"用厉声厉色去教育老百姓,是最拙劣的行为。"《诗经》说:"德行轻如毫毛。"轻如毫毛还是有物可比拟的。"上天所承载的,既没有声音也没有气味。"这才是最高的境界啊!

孟 子

《孟子》一书是孟子的言论汇编,由孟子及其弟子共同编写而成,记录了孟子的语言、政治观点和政治行动等,属语录体散文集。《孟子》共有七篇传世:《梁惠王章句》上、下,《公孙丑章句》上、下,《滕文公章句》上、下,《离娄章句》上、下,《万章章句》上、下,《告子章句》上、下,《尽心章句》上、下。其学说出发点为性善论,提出"仁政""王道",主张德治。

南宋时朱熹将《孟子》与《论语》《大学》《中庸》合在一起称"四书"。直到清末,"四书"一直是科举必考内容。《孟子》一书集中地体现了孟子的政治思想、哲学思想和教育思想。孟子的政治思想与孔子一脉相承,并把孔子"仁"的政治思想发展为"仁政"学说。这一学说主张统治者要施仁政于民,以德服人,实行王道,反对以力服人,实行霸道;对臣民应减轻刑罚与赋税,发展农业生产;对百姓应施行道德教化,使他们人人能"正心、诚意、修身、齐家",从而使国家长治久安。

《孟子》还具有较强的民本主义思想——"民为贵,社稷次之,君为轻"。《孟子》指出国家存在的根本不在于"天时、地利",而在于"人和","得道者多助,失道者寡助",劝诫统治者要与民同忧同乐。孟子的"仁政"学说,其哲学基础是"性善说"。他认为人性善,把仁、义、礼、智看成是人的本性，是先天固有的，所以人就应该努力地去培养和扩展这些善的本性。

《孟子》非常重视教育对人的影响作用，强调人的自我教育，主张修身养性，"养吾浩然之气"，以完善自我；他还教育人们为实现远大奋斗目标，要有"苦其心志""劳其筋骨""饿其体肤"的吃苦精神，并提出"富贵不能淫，贫贱不能移，威武不能屈"的道德标准。《孟子》中的许多文章充满了论辩性。这类文章巧妙地运用了逻辑推理的方法，采用欲擒故纵、反复诘难、迂回曲折的方式，把对方引入自己预设的结论中(如《梁惠王章句下》)。在论辩中，孟子还"长于譬喻"，把抽象的道理用具体生动的形象表现出来，使文章富于形象性，具有强大的艺术感染力。

梁惠王章句上·第一节

孟子见梁惠王①。王曰:"叟!不远千里而来,亦将有以利吾国乎?"

孟子对曰:"王!何必曰利?亦有仁义而已矣。王曰:'何以利吾国?'大夫曰:'何以利吾家?'士庶人②曰:'何以利吾身?'上下交征③利而国危矣。万乘④之国,弑⑤其君者,必千乘之家;千乘之国,弑其君者,必百乘之家。万取千焉,千取百焉,不为不多矣。苟⑥为后义而先利,不夺不餍⑦。未有仁而遗其亲者也,未有义而后其君者也。王亦曰仁义而已矣,何必曰利?"

注　释

① 梁惠王：魏惠王，战国时期魏国国君，惠是他的谥号，即位后九年由旧都安邑（今山西夏县北）迁都大梁（今河南开封西北），所以又叫梁惠王。

② 士庶人：士和庶人。庶人即老百姓。

③ 交征：互相争夺。征：取。

④ 乘：古代用四匹马拉的一辆兵车叫一乘，诸侯国的大小以兵车的多少来衡量。据刘向的《战国策序》中说，战国末期的万乘之国有韩、赵、魏（梁）、燕、齐、楚、秦七国，千乘之国有宋、卫、中山以及东周、西周。至于千乘、百乘之家的"家"，则是指拥有封邑的公卿、大夫。公卿封邑大，有兵车千乘；大夫封邑小，有兵车百乘。

⑤ 弑：下杀上、卑杀尊、臣杀君。

⑥ 苟：如果。

⑦ 餍：满足。

译　文

孟子拜见梁惠王。梁惠王说："老先生，您不远千里而来，一定是有对我的国家有利的高见吧？"

孟子回答道："大王，您为什么一开口就说利益呢？只要讲仁义就好。大王您说：'怎样对我的国家有利？'大夫说：'怎样对我的封地有利？'一般士子和老百姓说：'怎样对我自己有利？'结果上下互相争夺利益，国家就危险了。在拥有一万辆兵车的国家里，杀害国君的人，一定是拥有一千辆兵车的诸侯；在拥有一千辆兵车的国

家里,杀害国君的人,一定是拥有一百辆兵车的大夫。一万辆兵车的国家中诸侯拥有兵车一千辆,一千辆兵车的国家中大夫拥有一百辆兵车,他们拥有得不能算不多了。可如果先私利而后公义,他们不弑君夺位是决不会满足的。反过来说,从来没有讲仁义的人抛弃自己父母的,也从来没有讲仁义的人会不顾君王的。所以,大王只讲仁义就行了,何必开口就说利呢?"

梁惠王章句上·第三节

梁惠王曰:"寡人之于国也,尽心焉耳矣。河内凶②,则移其民于河东③,移其粟于河内。河东凶亦然。察邻国之政,无如寡人之用心者。邻国之民不加少④,寡人之民不加多,何也?"

孟子对曰:"王好战,请以战喻。填然⑤鼓之,兵刃既接,弃甲曳兵而走⑥。或百步而后止,或五十步而后止。以五十步笑百步,

zé hé rú
则何如？”

yuē bù kě zhí bù bǎi bù ěr shì yì zǒu yě
曰：“不可；直不百步耳，是亦走也。”

yuē wáng rú zhī cǐ zé wú wàng mín zhī duō yú lín guó yě
曰：“王如知此，则无望民之多于邻国也。

bù wéi nóng shí gǔ bù kě shēng shí yě cù gǔ bú rù wū chí yú biē bù kě shēng shí yě fǔ jīn yǐ shí rù shān lín cái mù bù kě shēng yòng yě gǔ yǔ yú biē bù kě shēng shí cái mù bù kě shēng yòng shì shǐ mín yǎng shēng sāng sǐ wú hàn yě yǎng shēng sāng sǐ wú hàn wáng dào zhī shǐ yě
不违农时⑦，谷不可胜食也；数罟⑧不入洿池⑨，鱼鳖不可胜食也；斧斤以时入山林，材木不可胜用也。谷与鱼鳖不可胜食，材木不可胜用，是使民养生丧死无憾也。养生丧死无憾，王道之始也。

wǔ mǔ zhī zhái shù zhī yǐ sāng wǔ shí zhě kě yǐ yì bó yì jī tún gǒu zhì zhī chù wú shī qí shí qī shí zhě kě yǐ shí ròu yǐ bǎi mǔ zhī tián wù duó qí shí shù kǒu zhī jiā kě yǐ wú jī yǐ jǐn xiáng xù zhī jiào shēn zhī yǐ xiào tì zhī yì bān bái zhě bú fù dài yú dào lù yǐ qī shí
五亩之宅，树之以桑，五十者可以衣⑩帛矣。鸡豚⑪狗彘⑫之畜，无失其时⑬，七十者可以食肉矣。百亩之田，勿夺其时，数口之家可以无饥矣。谨庠序⑭之教，申⑮之以孝悌⑯之义，颁白者不负戴于道路矣⑰。七十者衣帛食肉,黎民不饥不寒,然而不王者,未之有也。

狗彘食人食而不知检⑱,涂⑲有饿莩⑳而不知发㉑;人死,则曰:'非我也,岁㉒也。'是何异于刺人而杀之,曰:'非我也,兵㉓也。'王无㉔罪岁,斯天下之民至焉。"

孟子

注 释

① 河内:指黄河以北,是当时魏国的领土。

② 凶:谷物收成不好,荒年。

③ 河东:指黄河以东今山西省的南部地区。黄河流经山西省境,自北而南,故称山西境内黄河以东的地区为河东,当时是魏国的领土。

④ 加少:更少。加:更。古代的人口较少,为了增加劳力和扩充兵力,皆以人口增多为好事。

⑤ 填:拟声词,指鼓声咚咚响。古时作战,军队擂鼓前进,鸣金收兵。

⑥ 走:跑,这里指逃跑。古汉语中,慢走称"步",快走称"趋",跑称"走"。

⑦农时:春耕夏耘秋收之时。不违农时指到冬天农民清闲时才让他们服兵役。

⑧数罟:密网。数:细而密。罟:渔网。古代捕鱼对网孔的大小有规定,鱼不满一尺,不准买卖食用。

⑨洿池:洿即大而深,指大池。

⑩衣:穿。

⑪豚:小猪。

⑫彘:大猪。

⑬无:通"毋",不要;失:与下文的"夺"均为"错过"意;时:指家畜孕育之时。

⑭庠序:均指古代的地方学校。商代叫序,周代叫庠。

⑮申:反复陈述。

⑯孝悌:古代尊敬父母为"孝",敬爱兄长为"悌"。

⑰颁白者:头发斑白的人,指老年人。颁:通"斑"。负:背着东西。戴:顶着东西。本句意思是,年轻人知道孝敬老人,都来代劳了。

⑱狗彘食人食而不知检:富贵人家的猪狗吃掉了百姓的粮食却不加以检查和制止。

⑲涂:通"途",道路上。

⑳饿莩:饿死的人。

㉑发:指打开粮仓,赈济百姓。

㉒岁:年成。

㉓兵:兵器。

㉔无:通"毋",不要。

译 文

梁惠王说:"我对治理国家,很尽心竭力了!河内地方发生灾荒,就把那里的受灾百姓移往河东,把河东的粮食运到河内去赈济。当河东发生灾荒的时候,我也是这样做的。看看邻国政务,没有哪个国君能像我这样尽心的。但是,邻国的人口并不见减少,而我们魏国的人口并不见增多,这是什么缘故呢?"

孟子回答道:"大王您喜欢打仗,请允许我用打仗来打比方吧。战鼓咚咚敲响,刀刃剑锋一相碰,就有战败的士兵丢盔弃甲,拖着兵器逃跑。有的逃跑了一百步停下来,有的逃跑了五十步就停下来。那些逃跑了五十步的士兵就嘲笑逃跑了一百步的士兵,大王您觉得怎么样呢?"

梁惠王说:"不可以。只不过没有逃跑一百步而已,这同样也是逃跑呀!"

孟子说:"大王您既然懂得这个道理,就不必去期望魏国的百姓比邻国增多了。只要不耽误百姓的农时,粮食就吃不完;不用细密的渔网到大池塘里捕鱼,鱼鳖就吃不完;按时令进山砍伐林木,木材就用不尽。粮食和鱼鳖吃不完,木材用不尽,这样老百姓养家糊口、葬送死者就没什么遗憾了。老百姓养生送死没有缺憾,这就是王道的开始。"

"五亩田的宅地,房前屋后种上桑树,五十岁的人就可以穿上丝绸棉袄了。鸡鸭猪狗家家都有工夫去繁殖饲养,七十岁的人就能经常吃到肉了。一百亩的田地,不让百姓在农时服役,耽误到耕种,数口之家就不会饿肚子了。兴办好学校,向年轻人强调孝顺父母、敬爱兄长的道理，头发花白的老人就不再在道路上肩挑、头顶着东西了。七十岁的人穿上丝绸、吃上肉，老百姓不缺衣少食，君主做到了这些却不能称霸于天下，是绝不可能有的。"

"现在，富人家的猪狗吃着人吃的食物却不设法制止，路上有饿死的尸体而不知道开仓赈济。人饿死了，反而说'这与我无关，是收成不好的原因'。这和把人杀死了，反而说'这与我无关，是兵器杀的'又有什么两样呢？如果大王您能够不把过错归罪于年成，推行仁政，这样普天下的百姓便会争相投奔您这儿来了。"

梁惠王章句上·第五节

梁惠王曰："晋国①，天下莫强焉，叟之所知也。及寡人之身，东败于齐，长子死焉②；西丧地于秦七百里③；南辱于楚④。寡人耻之，愿比⑤死者一洗⑦之，如之何则可？"

孟子对曰："地方百里⑧而可以王。王如施仁政于民，省刑罚，薄税敛，深耕易耨⑨。壮者以暇日修其孝悌忠信，入以事其父兄，出以事其长上，可使制⑩梃以挞秦楚之坚甲利兵矣。彼夺其民时，使不得耕耨以养其父母，父母冻饿，兄弟妻子离散。彼陷溺其民，王往而征之，夫谁与王敌？故曰：'仁者无敌。'王请勿疑！"

注 释

① 晋国：韩、赵、魏三家分晋，被周天子承认为诸侯国，称三家为三晋，文中指魏国。战国时期，魏国率先变法改革，最早强盛，梁（魏）惠王自称魏国也为晋国。

② 东败于齐，长子死焉：指马陵之战。魏伐赵，赵向齐求救，齐国设计大败魏军于马陵，主将庞涓被杀，太子申被俘。

③ 西丧地于秦七百里：马陵之战后，魏国遭到秦、赵等国的攻击，并迫使割河西之地和上郡的十五个县与秦国，约七百里地。魏国都城迁至大梁。

④ 南辱于楚：公元前324年，魏又被楚将昭阳击败于襄陵，魏国失去八邑。

⑤ 比：替，为。

⑥ 一：全，都。

⑦ 洒：同"洗"，洗刷耻辱的意思。

孟子

⑧ 地方百里：方圆百里的土地，指小国。

⑨ 易耨：及时除草。易：疾，速，快；耨：除草。

⑩ 制：同"掣"，拿起来。

译　文

梁惠王说："我们魏国，以前一直是天下最强大的国家，老先生您是知道的。可是传到了我这里，东边败给了齐国，连我的长子也死了；西边丧失了七百里河西土地给秦国；南边又被楚国欺侮。对此我感到非常羞愧，想替所有的死难者报仇雪恨，我应该怎样做才行呢？"

孟子回答道："方圆一百里的小国可以施行仁政使天下归服。大王您如果对老百姓施行仁政，减免刑罚，减轻赋税，提倡深耕细作，及时除草；让年轻人抽出时间学习孝亲、敬兄、忠诚、守信的品德，在家侍奉父母、兄长，在外敬重尊长，这样就是让他们拿起制作的木棍也可以打赢那些盔甲坚硬、刀枪锐利的秦楚军队。秦国和楚国的执政者常年侵占老百姓的生产时间，使他们不能够深耕细作来赡养父母。父母受冻挨饿，兄弟妻儿各自逃散。两国的老百姓陷入了痛苦的深渊中，如果大王率军去征伐他们，有谁能与您抵抗呢？所以说：'施行仁政的人是天下无敌的。'大王请不要怀疑这一点！"

梁惠王章句下 · 第一节

庄暴①见孟子,曰:"暴见于王②,王语③暴以好乐④,暴未有以对也。"曰:"好乐何如?"

孟子曰:"王之好乐甚,则齐国其庶几⑤乎!"

他日,见于王曰:"王尝语庄子以好乐,有诸?"

王变乎色⑥,曰:"寡人非能好先王之乐也,直⑦好世俗之乐耳。"

曰:"王之好乐甚,则齐其庶几乎!今之乐由古之乐也。"

曰:"可得闻与?"

曰:"独乐乐⑧,与人乐乐,孰乐?"

曰:"不若与人。"

曰:"与少乐乐,与众乐乐,孰乐?"

曰:"不若与众。"

"臣请为王言乐。今王鼓乐于此,百姓闻王钟鼓之声,管籥之音⑨,举⑩疾首蹙頞⑪而相告曰:'吾王之好鼓乐,夫何使我至于此极也?父子不相见,兄弟妻子离散。'今王田猎⑫于此,百姓闻王车马之音,见羽旄⑬之美,举疾首蹙頞而相告曰:'吾王之好田猎,夫何使我至于此极也?父子不相见,兄弟妻子离散。'此无他,不与民同乐也。"

"今王鼓乐于此,百姓闻王钟鼓之声,管

籥之音,举欣欣然有喜色而相告曰:'吾王庶几无疾病与?何以能鼓乐也?'今王田猎于此,百姓闻王车马之音,见羽旄之美,举欣欣然有喜色而相告曰'吾王庶几无疾病与,何以能田猎也?'此无他,与民同乐也。今王与百姓同乐,则王矣。"

注释

① 庄暴:人名,齐国大臣。

② 见于王:被齐王召见。

③ 语:告诉。

④ 乐:见《说文解字》"五声八音总名",《礼记·乐记》"先王之所以饰喜也"。可见,古代的乐是为了身心合德而作的。音乐是道德感情的心声,也是回归天地万物和谐境界的途径。

⑤ 庶几:恐怕,差不多。

⑥ 变乎色:改变了脸色。朱熹《集注》云:"变色者,慙其好之不正也。"赵注则说是宣王恼怒庄暴把他"好乐"的事告诉孟子。

⑦ 直:不过,仅仅。

⑧ 独乐乐:独自一人享受音乐的快乐。第一个"乐"作动词用,

孟子

是欣赏音乐；第二个"乐"指快乐。以下几句类似的句子同。

⑨ 管龠之音：吹奏箫笛的声音。管、龠是古代的两种管乐器，相当于箫、笛之类。

⑩ 举：全，都。

⑪ 疾首：头疼。蹙：收紧。頞：额头。

⑫ 田猎：在野外打猎。在春秋战国时代，这是一项带有军事训练性质的活动。由于它要发动百姓驱赶野兽，各级地方官员都要准备物资亲自参与，所以古人主张应该在农闲时候有节制地举行，以免扰乱正常的生产秩序。

⑬ 羽旄：装饰旗帜的鸟羽和牦牛尾，代指旌旗，此处译为仪仗。旄：通"毛"，古代用牦尾装饰的旗子，这种旗子为前军所持，故曰"前旄"。

译　文

庄暴见孟子，说："我朝见齐王，他和我谈论喜好音乐的事，我不知道怎么回答他。"庄暴又问道："喜好音乐怎么样呢？"

孟子说，"如果齐王非常喜爱音乐，那么齐国恐怕治理得很不错了！"

某日，孟子拜见齐宣王时问道："大王曾对庄暴说喜爱音乐，有这回事吗？"

齐王脸色一变，不好意思地说："我并不是喜爱先王清静典雅的音乐，只不过喜好当下世俗的音乐罢了。"

孟子说："大王如果非常喜爱音乐，那齐国恐怕就治理得很不错了！现在的俗乐与古代的雅乐是差不多的。"

齐王说:"能让我知道是什么道理吗?"

孟子说:"独自一人欣赏音乐的快乐,同别人一起欣赏音乐的快乐,哪一种更快乐?"

齐王说:"不如同别人一起欣赏更快乐。"

孟子说:"同少数人一起欣赏音乐的快乐,同很多人一起欣赏音乐的快乐,哪一种更快乐?"

齐王说:"不如同很多人一起欣赏更快乐。"

孟子说:"那就让我来为大王谈谈音乐的事吧!假如大王现在在这里奏乐,百姓们听到大王鸣钟击鼓、吹箫奏笛的声音,都觉得头痛,眉头紧皱地相互议论说:'我们大王喜好音乐,为什么要使我们这般穷困悲惨呢?父子不能相见,兄弟妻儿离散。'假如大王现在在这里打猎,百姓们听到大王车马的声音,见到华丽的仪仗,都觉得头痛,眉头紧皱地相互议论说:'我们大王喜欢打猎,为什么要使我们这般穷困悲惨呢?父子不能相见,兄弟妻儿离散。'这没有别的原因,只是因为您不与百姓一起分享快乐。"

"假如大王现在在这里奏乐,百姓们听到大王鸣钟击鼓、吹箫奏笛的声音,都欢欣鼓舞、喜形于色地相互议论说:'我们大王大概没有什么疾病吧,要不怎么能奏乐呢?'假如大王现在在这里打猎,百姓们听到大王车马的声音,见到华丽的仪仗,欢欣鼓舞、喜形于色地相互议论说:'我们大王大概没有什么疾病吧,要不怎么能打猎呢?'这没有别的原因,只是您和百姓一起分享快乐的缘故。如果大王能与民同乐,那就能称王于天下了。"

梁惠王章句下·第五节

齐宣王问曰："人皆谓我毁明堂①,毁诸?已②乎?"

孟子对曰:"夫明堂者,王者之堂也。王欲行王政,则勿毁之矣。"

王曰:"王政可得闻与?"

对曰:"昔者文王之治岐③也,耕者九一④,仕者世禄,关市讥而不征⑤,泽梁⑥无禁,罪人不孥⑦。老而无妻曰鳏,老而无夫曰寡,老而无子曰独,幼而无父曰孤。此四者,天下之穷民而无告者。文王发政施仁,必先斯四者。《诗》云:'哿矣富人,哀此茕独。'⑧"

王曰:"善哉言乎!"

曰："王如善之，则何为不行？"

王曰："寡人有疾，寡人好货。"

对曰："昔者公刘⑨好货，《诗》云：'乃积乃仓，乃裹餱粮⑩，于橐于囊⑪。思戢用光⑫。弓矢斯张，干戈戚扬⑬，爰方启行⑭。'故居者有积仓，行者有裹囊也，然后可以爰方启行。王如好货，与百姓同之，于王何有？"

王曰："寡人有疾，寡人好色。"

对曰："昔者大王好色，爱厥⑮妃。《诗》云⑯：'古公亶父⑰，来朝走马，率⑱西水浒⑲，至于岐下，爰及姜女⑳，聿来胥宇㉑。'当是时也，内无怨女㉒，外无旷夫㉓。王如好色，与百姓同之，于王何有？"

孟　子

> 注 释

①明堂:是天子接见诸侯而设的建筑。这里是指泰山明堂,是周天子东巡时接受诸侯朝见的地方,在泰山脚下,齐国境内,至汉代还有遗址。

②已:停止。

③岐:地名,今陕西岐山县一带。

④耕者九一:指井田之制。把耕地划成井字形,方圆一里为一井,每井九百亩,周围八家各一百亩,属私田,中间一百亩属公田,由八家共同耕种,收入归公家,所以叫九一税制。

⑤关市讥而不征:意为关卡和市场上只稽查不征税。关:道路上的关卡。市:集市。讥:稽查。征:征税。

⑥泽梁:河流中拦水捕鱼的装置。

⑦孥:本指妻子儿女,这里用作动词,指牵连妻子儿女。

⑧哿矣富人,哀此茕独:引自《诗经·小雅·正月》。哿:表示称许。茕独:孤独无依。

⑨公刘:人名,后稷的后代,周部落的首领,周朝的创业始祖。

⑩餱粮:干粮。

⑪橐、囊:都是盛物的袋子,囊大橐小。

⑫思:语气词,无义。戢:同"辑",和睦。用:因而。光:发扬光大。

⑬干戈戚扬:指四种兵器。干:盾牌。戈:有长柄的横刃。戚:斧。扬:钺(像斧的兵器)。

⑭爰方启行:于是开始动身出发。爰:于是。方:开始。启行:出发。

⑮ 厥：代词，他的，那个。

⑯《诗》云：引自《诗经·大雅·绵》。

⑰ 古公亶父：即周文王的祖父周太王。

⑱ 率：沿着。

⑲ 浒：水边。

⑳ 爰：语首词，无义。姜女：太王的妃子，也称太姜。

㉑ 聿：语首词，无义。胥：动词，省视，视察。宇：屋宇。

㉒ 怨女：未出嫁的老处女。

㉓ 旷夫：未娶妻的单身汉。

译 文

齐宣王问道："人们都建议我拆毁明堂，您说我是拆毁好呢？还是不拆毁好呢？"

孟子答道："明堂是施行王政的殿堂。大王您如果想施行王政，就不要拆毁它了。"

宣王说："如何实行王政，能说给我听听吗？"

孟子回答说："从前周文王治理岐山的时候，只收农民九分之一的税；做官的人世代承袭俸禄；关卡和市场上，只稽查不征税；不禁止任何人到湖泊捕鱼；处罚罪犯不牵连妻子儿女。失去妻子的老年人叫鳏夫，失去丈夫的老年人叫寡妇，没有儿女的老年人叫孤独者，失去父亲的儿童叫孤儿。这四种人是天下最困难而无所依靠的人。文王发布政令，实行仁政，必定最先考虑他们。《诗经》上说：'富人的生活是舒心如意的，可怜那些孤苦无依的人吧！'"

宣王说："说得好啊！"

孟子说:"大王如果觉得好,那为什么不照着去做呢?"

宣王说:"我有个毛病,我喜爱钱财。"

孟子说:"从前公刘也喜爱钱财。《诗经》说:'堆积的粮食装满整个仓库,备好充足的干粮,装进小袋和大囊。紧密团结发扬国威。张弓带箭齐武装,盾戈斧钺拿手上,浩浩荡荡启程去远方。'因此留守故土的人家中粮食满仓,行军的人有足够的干粮,这才能率领军队前行。大王如果喜爱钱财,只要能想到和老百姓共同享用,那么这对施行王政有什么影响呢?"

宣王说:"我还有个毛病,我喜爱女色。"

孟子说:"从前周太王也喜爱女色,非常宠爱他的妃子。《诗经》上说:'古公亶父清早骑马奔驰,沿着西边的河岸,一直走到岐山下。带着宠妃姜氏女,勘察可建宫室的地方。'在那个时代,没有嫁不出去的女子,也没有娶不到妻子的光棍汉。大王如果喜爱女色,只要能让老百姓也享受到夫妻之乐,那么这对施行王政有什么影响呢?"

梁惠王章句下 · 第七节

孟子见齐宣王,曰:"所谓故国者,非谓有乔木之谓也,有世臣之谓也。王无亲臣矣,昔者所进③,今日不知其亡④也。"

王曰:"吾何以识其不才而舍之?"

曰:"国君进贤,如不得已,将使卑逾尊,疏逾戚⑤,可不慎与?左右皆曰贤,未可也;诸大夫皆曰贤,未可也;国人皆曰贤,然后察之;见贤焉,然后用之。左右皆曰不可,勿听;诸大夫皆曰不可,勿听;国人皆曰不可,然后察之;见不可焉,然后去之。左右皆曰可杀,勿听;诸大夫皆曰可杀,勿听;国人皆曰可杀,然后察之;见可杀焉,然后杀之。故曰,国人杀之也。如此,然后可以为民父母。"

孟子

注 释

① 故国:指历史悠久的国家。

② 世臣:世代建立功勋的卿族、大臣。

③ 进：进用。

④ 亡：指离开职位或国家。

⑤ 戚：亲密，亲近。

译　文

孟子拜见齐宣王，说："所谓历史悠久的国家，并不是指这个国家有年代久远的高大树木，而是指有世代建立功勋的卿族、大臣。可大王您现在却没有亲信的大臣了，过去您所任用的一些人，现在也不知到哪里去了。"

齐宣王说："我应该怎样去识别那些缺乏才能的人而不用他们呢？"

孟子回答说："国君选用贤才，在不得已的时候，甚至会把原本地位卑微的人提拔到地位高贵的人之上，把原本关系疏远的人提拔到关系亲近的人之上，这能不小心谨慎吗？因此，左右的人都说某人有贤能，不可轻信；众位大夫都说某人有贤能，还是不可轻信；全国的人都说某人有贤能，这就应该去考察他，发现他是真正的贤才，再任用他。左右的人都说某人不行，不可轻信；众大夫都说某人不行，还是不可轻信；全国的人都说某人不行，这就应该去考察他，发现这人真不行，再罢免他。左右的人都说某人该杀，不可轻信；众位大夫都说某人该杀，还是不可轻信；全国的人都说某人该杀，这就应该去考察他，发现这人确实该杀，再杀掉他。所以说是全国人杀的他。这样做，才可以做老百姓的父母。"

公孙丑章句上·第三节

孟子曰:"以力假①仁者霸,霸必有大国,以德行仁者王,王不待大——汤以七十里,文王以百里。以力服人者,非心服也,力不赡②也;以德服人者,中心悦而诚服也,如七十子③之服孔子也。《诗》云:'自西自东,自南自北,无思不服。'此之谓也。"④

注 释

① 假:假借。

② 赡:供养,供给。

③ 七十子:七十个弟子,这里是说孔子的弟子有七十多人。

④《诗》云:诗句见《诗经·大雅·文王有声》。

译 文

孟子说:"倚仗武力假借仁义之名借以号召征伐的可以称霸,称霸必须建立强大的国家。依靠道德施行仁政的人可以称王天下，称王天下不一定要国家强大。商汤凭借纵横各七十里的国土，周文王凭借纵横各百里的国土就使人心归服。倚仗武力使人民服从，并不能使人民心服，因为其实力不能供养人民。依靠德行使人民服从，人民心中喜悦而诚心诚意归服，正如有七十多个弟子诚心诚意归服孔子一样。《诗经》上说'从西到东，从南到北，没有人不服从'，说的就是这个道理。"

公孙丑章句上·第六节

孟子曰："人皆有不忍人之心①。先王有不忍人之心，斯有不忍人之政矣。以不忍人之心，行不忍人之政，治天下可运之掌上。所以谓人皆有不忍人之心者，今人乍②见孺子将入于井，皆有怵惕恻隐③之心——非所以内交④于孺子之父母也，非所以要誉⑤于乡党⑥朋友也，非恶其声而然也。由是观之，无恻隐之心，非人也；无羞恶之心，非人也；

无辞让之心，非人也；无是非之心，非人也。恻隐之心，仁之端⑦也；羞恶之心，义之端也；辞让之心，礼之端也；是非之心，智之端也。人之有是四端也，犹其有四体也。有是四端而自谓不能者，自贼⑧者也；谓其君不能者，贼其君者也。凡有四端于我者，知皆扩而充之矣，若火之始然⑨，泉之始达。苟能充之，足以保四海；苟不充之，不足以事父母。"

孟子

注 释

① 不忍人之心：怜悯心、同情心。

② 乍：突然、忽然。

③ 怵惕：惊惧，惊骇。恻隐：哀痛，同情。

④ 内交：内同"纳"，结交。

⑤ 要誉：要同"邀"，谋求、博取名誉。

⑥ 乡党：乡、党都是古代的居民基层组织，这里指乡里。

⑦ 端：发端、起源、源头。

⑧ 自贼：自己伤害自己，自暴自弃。

⑨ 然：同"燃"，燃烧。

译 文

孟子说："每个人都有怜悯他人的心。先王由于有怜悯他人的心，所以才有怜悯百姓的政治。用怜悯体恤别人的心，施行怜悯体恤百姓的政治，治理天下就可以像在手掌心里面运转东西一样容易了。之所以说每个人都有怜悯体恤他人的心情，是因为，如果今天有人突然看见一个小孩要掉进井里面去了，必然会产生惊惧和同情心的。这不是因为想要去和这孩子的父母拉关系，不是因为想要在乡邻朋友中博取声誉，也不是因为厌恶这孩子的哭叫声才产生这种惊惧和同情心理的。由此看来，没有同情心，简直不是人；没有羞耻心，简直不是人；没有谦让心，简直不是人；没有是非心，简直不是人。同情心是仁的发端，羞耻心是义的发端，谦让心是礼的发端，是非心是智的发端。人有这四种发端，就像有四肢一样。有了这四种发端却自认为不行的，是自暴自弃的人；认为他的君主不行的，是暴弃君主的人。凡是有这四种发端的人，知道都要扩大、充实它们，就像火刚刚开始燃烧，终必不可扑灭；像泉水刚刚开始流淌，终必汇成江河。如果能够扩充它们，便足以安定天下；如果不能够扩充它们，就连赡养父母都成问题。"

公孙丑章句上·第八节

mèng zǐ yuē　　　zǐ lù　rén gào zhī yǐ yǒu guò zé xǐ　　yǔ
孟子曰："子路，人告之以有过，则喜。禹

闻善言，则拜。大舜有①大焉，善与人同②。舍己从人，乐取于人以为善。自耕稼、陶、渔以至为帝，无非取于人者。取诸人以为善，是与人为善③者也。故君子莫大乎与人为善。"

注释

① 有：更加。
② 善与人同：与人共同做善事。
③ 与人为善：与即帮助，或说偕同。

译文

孟子说："子路，别人指出他的过错，他就很高兴。大禹听到有益的话，就会向人家行礼。伟大的舜帝表现得就更好，总是愿意与别人共同做善事，摒弃自己的偏见，采纳别人的意见，乐于吸取别人的长处来提高自己的品行修养。他亲自耕种、制陶、捕鱼直到做帝王，没有哪点长处不是向别人学习得来的。吸取别人的优点来修养自己的品德，这就是与别人一道行善。所以，君子的德行没有比与人一起行善更伟大的了。"

公孙丑章句下 · 第一节

孟子曰："天时不如地利，地利不如人和①。三里之城，七里之郭②，环而攻之而不胜。夫环③而攻之，必有得天时者矣；然而不胜者，是天时不如地利也。城非不高也，池④非不深也，兵革⑤非不坚利也，米粟非不多也；委⑥而去之，是地利不如人和也。

故曰：域民⑦不以封疆之界，固国不以山溪之险，威天下不以兵革之利。得道者多助，失道者寡助。寡助之至，亲戚畔⑧之；多助之至，天下顺之。以天下之所顺，攻亲戚之所畔；故君子有⑨不战，战必胜矣。"

注 释

① 天时、地利、人和：《荀子·王霸》说："农夫朴力而寡能,则上不失天时,下不失地利,中得人和而百事不废。"荀子所指的"天时"指农时,"地利"指土壤肥沃,"人和"是指人的分工。而孟子在这里所说的"天时"则指作战的时机、气候等；"地利"是指山川险要,城池坚固等；"人和"则指人心所向,内部团结等。

② 三里之城,七里之郭：城,指内城；郭,指外城。内外城比例一般是城三里,郭七里。

③ 环：围。

④ 池：护城河。

⑤ 兵：武器,指戈、矛、刀、箭等攻击性武器；革：皮革,指甲胄。

⑥ 委：丢弃。

⑦ 域民：限制人民。域：同"约",界限,限制。

⑧ 畔：同"叛",背叛。

⑨ 有：或。

孟子

译 文

孟子说："有利的时机不如有利的地势,有利的地势不如团结的人心。方圆三里的内城,七里的外城,敌人四面围攻都不能够攻破。四面围攻,必定是遇到了好的战机,但还是不能取胜,这说明有利的时机不如有利的地势。又如城墙不是不高,护城河不是不深,兵器和铠甲不是不坚利,粮草也不是不充足,可是敌人一来守军就弃城而逃了,这就说明有利的地势不如团结的人心。

所以说，老百姓不是靠封锁国家的边境线就可以限制住的，国家不是靠山川险阻就可以保住的，扬威天下也不是靠锐利的兵器就可以做到的。施行仁义的人，帮助他的人就多；失去仁义的人，帮助他的人就少。帮助他的人少到极点时，连亲属也会背叛他；帮助他的人多到极点时，全天下的人都会归顺他。用全天下人都归顺的力量去攻打连亲戚都会叛离的人，必定可以取胜。所以君子不战则罢，战无不胜。"

公孙丑章句下·第九节

燕人畔①。王曰："吾甚惭于孟子②。"

陈贾③曰："王无患焉。王自以为与周公孰仁且智？"

王曰："恶！是何言也？"

曰："周公使管叔监殷，管叔以殷畔④；知而使之，是不仁也；不知而使之，是不智也。仁智，周公未之尽也，而况于王乎？贾请见而解之⑤。"

见孟子,问曰:"周公何人也?"

曰:"古圣人也。"

曰:"使管叔监殷,管叔以殷畔也,有诸?"

曰:"然。"

曰:"周公知其将畔而使之与?"

曰:"不知也。"

"然则圣人且有过与?"

曰:"周公,弟也;管叔,兄也。周公之过,不亦宜乎?且古之君子,过则改之;今之君子,过则顺之。古之君子,其过也,如日月之食⑥,民皆见之;及其更也,民皆仰之。今之君子,岂徒顺之⑦,又从为之辞⑧。"

<u>注 释</u>

① 燕人畔:畔为背叛之意。齐国攻占燕国后,赵国迎立在外流

亡的燕国公子职为新燕王,与齐国对抗。这就是燕昭王。齐国认为这是燕国的背叛,故称"畔"。

②甚惭于孟子:齐攻燕后,孟子曾劝齐宣王行仁政,齐王不听而致燕国反抗,故称有愧于孟子。

③陈贾:齐国的大夫。

④周公使管叔监殷,管叔以殷畔:管叔为周武王之弟,名鲜。武王灭殷后,封商纣王之子武庚禄父为诸侯,并派两个弟弟管叔、蔡叔监督辅助他,以治理殷朝的遗民。武王死后,成王年幼,周公摄政,管、蔡认为周公篡位夺权,于是协同武庚发动叛乱,后被镇压,管叔被杀。

⑤解之:向他解释。

⑥食:通"蚀",这里用指为日食、月食现象。

⑦顺之:任之发展,不加制止。

⑧为之辞:为错误辩解。

译 文

齐国占领燕国后,燕人反抗。齐王说:"我真的很是愧对孟子。"

陈贾说:"大王不要忧患。大王您以为和周公相比,在仁和智的方面,谁强一些?"

齐王说:"哎呀,你这是什么话?"

陈贾说:"周公派他的哥哥管叔监管殷商的遗国,管叔却带领殷人叛乱;如果周公知道会这样还这样做,就是不仁;如果不知道而这样做,就是不智。仁和智,周公都不能尽力做到,何况大王您呢？我请求见孟子并向他解释这件事。"

陈贾去见孟子，陈贾问："周公是个什么样的人？"

孟子说："是古代的圣贤。"

陈贾说："他派管叔监管殷人，但管叔却带领殷人叛乱，有这样的事吗？"

孟子说："有的。"

陈贾说："周公知道管叔将会叛乱还要派他去吗？"

孟子说："他不知道。"

陈贾说："那么圣贤之人也会犯错误吗？"

孟子说："周公是弟弟，管叔是哥哥。周公的过错，不是很合乎情理吗？况且古时候的君子，有了过错就会改正；如今的君子，有了过错则任之发展。古时候的君子，他的过错，就像日食、月食一样，人民都看得见，等到他改正过错时，人民就会很敬仰他。如今的君子，何止是让过错顺其发展，而且还会编出一套言辞来为自己辩解。"

公孙丑章句下·第十一节

孟子去齐，宿于昼。有欲为王留行者，坐而言。不应，隐几而卧。

客不悦曰："弟子齐宿③而后敢言，夫子

卧而不听，请勿复敢见矣。"

曰："坐！我明语子。昔者鲁缪公④无人乎子思之侧，则不能安子思⑤；泄柳⑥、申详⑦无人乎缪公之侧，则不能安其身。子为长者⑧虑，而不及⑨子思；子绝长者乎？长者绝子乎？"

注 释

① 昼：齐国西南部的城邑，今山东淄博市临淄西北。

② 隐：倚，靠；几：一种矮小的桌子，用来放置东西或倚靠休息。本句意为靠着几案睡觉。

③ 齐宿：齐通"斋"，斋戒，指前一天进行斋戒。

④ 鲁缪公：即鲁穆公，名显，春秋战国时期鲁国的国君。

⑤ 子思：战国初期思想家，姓孔，名伋，孔子之孙，相传曾授业于曾子。孟子受业于子思的门人，发扬子思的思想，形成思孟学派。

⑥ 泄柳：鲁穆公时的贤人。

⑦ 申详：孔子弟子子张的儿子，子游的女婿。

⑧ 长者：指年老的人，这里是孟子的自称。

⑨ 及：意为比得上，能与……相比。

译　文

孟子离开齐国，在昼城歇脚住宿。有个想替齐王挽留孟子的人来看孟子，正襟危坐与孟子谈话，孟子并不理睬他，靠着几案睡觉。

客人不高兴地说："我是前一天斋戒沐浴后才敢跟您说话，先生睡卧而不听我言，今后我再也不敢请求来见您了。"

孟子说："请坐下来！让我明白地告诉你，从前鲁缪公要是没有人在子思身边侍候，就不能让子思安心。泄柳、申详要是没有人在鲁缪公身边侍候，就不能使自己安心。请你为我这个老头考虑，我的待遇远远比不上子思，是你跟我决绝呢？还是我跟你决绝？"

公孙丑章句下·第十二节

孟子去齐。尹士语人曰："不识王之不可以为汤武，则是不明也；识其不可，然且至，则是干泽也。千里而见王，不遇故去。三宿而后出昼，是何濡滞③也？士则兹不悦④。"

高子⑤以告。

曰："夫尹士恶知予哉？千里而见王，是

予所欲也；不遇故去，岂予所欲哉？予不得已也。予三宿而出昼，于予心犹以为速，王庶几⑥改之。王如改诸，则必反予⑦。夫出昼而王不予追也，予然后浩⑧然有归志。予虽然，岂舍王哉？王由⑨足用⑩为善。王如用予，则岂徒齐民安，天下之民举安。王庶几改之，予日望之。予岂若是小丈夫然哉？谏于其君而不受，则怒，悻悻然⑪见⑫于其面，去则穷日之力而后宿哉？"

尹士闻之，曰："士诚小人也。"

注　释

① 尹士：齐国人，生平不详。

② 干：是求取之意。泽：为恩泽、恩惠、俸禄之意。干泽意为求取功名利禄。

③ 濡：停留、滞留。滞：缓慢。

④ 兹不悦:"不悦兹",不满意这种情况。

⑤ 高子:孟子的学生,齐国人。

⑥ 庶几:也许可以,表示希望。

⑦ 反予:将我召回。

⑧ 浩:指"多"的意思。

⑨ 由:同"犹",这里是遵从、遵照、仍然之意。

⑩ 足用:足以,可以。

⑪ 悻悻然:怨恨失意的样子。

⑫ 见:同"现",表现。

译 文

孟子离开齐国,有个叫尹士的人对别人说:"不能识别齐王是不可以成为商汤王和周武王一样的明君,那就是孟子不明智;如果能识别齐王不可以,但还是来了,那就是想要求取国君的俸禄。不远千里来见齐王,得不到重用就走,在昼城住了三天才离开,为什么这么慢腾腾呢?我对这种情况很不高兴。"

高子把这话告诉了孟子。

孟子说:"尹士怎么会了解我呢?不远千里来见齐王,是我的愿望!得不到重用而离开,难道是我希望的吗?我实在是没有办法呀。我在昼城住了三天才离开,在我心里还觉得太快了呢,我心里想,齐王或许会改变主意。齐王如果改变主意,就一定会将我召回。而我离开了昼城,齐王没有来追赶我,我这才义无反顾地产生了回家的念头。我虽然离开,可我心中怎么能舍得抛弃齐王呢?齐王仍然可以推行仁政,齐王如果用我,我怎么会只是让齐国的人民能安居乐业？全天下的人民都可以安居乐业了。齐王或许能改变态度，我每天都盼望着。我难道像是一个目光短浅，向国君进谏言而不被接受就发怒，怨恨失意的神色露在脸上，然后走得筋疲力尽才肯找地方住宿的小人吗？"

尹士听说孟子这番话后，说："我真是一个小人啊！"

滕文公章句上·第一节

滕文公①为世子②，将之楚，过宋而见孟子。孟子道性善③，言必称尧舜。

世子自楚反，复见孟子。孟子曰："世子疑吾言乎？夫道一而已④矣。成覸⑤谓齐景公曰：'彼，丈夫也；我，丈夫也；吾何畏彼哉？'颜渊曰：'舜，何人也？予，何人也？有为者亦若是。'公明仪⑥曰：'文王，我师也；周公岂欺我哉？'今滕，绝⑦长补短，将五十里也，犹可以为善国。《书》⑧曰：'若药不瞑眩⁹，厥¹⁰疾不瘳¹¹。'"

注 释

① 滕文公：战国时期滕国国君。

② 世子：太子。

③ 性善：人性本善。

④ 道一而已：真理只有这一个罢了。

⑤ 成䂶：齐国勇武之臣。

⑥ 公明仪：鲁国贤士，曾子的弟子。

⑦ 绝：截。

⑧《书》：引文见《尚书·说命上》。

⑨ 瞑眩：眼睛昏花看不清东西。

⑩ 厥：其。

⑪ 瘳：病愈。

孟子

译 文

滕文公做太子的时候，有一次要到楚国去，经过宋国时拜见了孟子。孟子给他讲人性本善的道理，句句话都提到了尧、舜。

太子从楚国回来，又来拜访孟子。孟子说："太子怀疑我的话吗？天下的道理就是这一个罢了。成䂶对齐景公说：'他是一个大丈夫，我也是一个大丈夫，我为什么怕他呢？'颜渊说：'舜是什么人？我是什么人？有作为的人也会像他那样。'公明仪说：'文王，是我的老师；周公难道会欺骗我吗？'现在的滕国的土地，假如截长补短，拼成正方形，每边之长将近五十里，仍然可以治理成一个好国家。《尚书》上说：'如果药力不能使病人吃得头晕目眩，那病是治不好的。'"

滕文公章句上·第二节

滕定公①薨②，世子谓然友③曰："昔者孟子尝与我言于宋，于心终不忘。今也不幸至于大故④，吾欲使子问于孟子，然后行事。"

然友之⑤邹问于孟子。

孟子曰："不亦善乎！亲丧，固所自尽⑥也。曾子曰：'生，事之以礼；死，葬之以礼，祭之以礼，可谓孝矣。'⑦诸侯之礼，吾未之学也；虽然，吾尝闻之矣。三年之丧⑧，齐疏之服⑨，饘粥⑩之食，自天子达于庶人，三代共之。"

然友反命,定为三年之丧。父兄百官皆不欲,曰:"吾宗国⑪鲁先君莫之行,吾先君亦莫之行也,至于子之身而反之,不可。且《志》⑫曰:'丧祭从先祖。'曰:'吾有所受之也。'"

谓然友曰:"吾他日未尝学问,好驰马试剑。今也父兄百官不我足⑬也,恐其不能尽于大事,子为我问孟子。"

然友复之邹问孟子。

孟子曰:"然,不可以他求者也。孔子曰:'君薨,听于冢宰⑭。歠粥⑮,面深墨,即位而哭,百官有司莫敢不哀,先之也。'上有好者,下必有甚焉者矣。君子之德,风也;小

孟子

人之德,草也。草尚之风,必偃。⑯是在世子。"

然友反命。

世子曰:"然,是诚在我。"五月居庐⑰,未有命戒⑱。百官族人可⑲,谓曰知。及至葬,四方来观之,颜色之戚,哭泣之哀,吊者大悦。

注 释

① 滕定公:滕文公的父亲,滕国国君。

② 薨:死。古代诸侯国君去世称"薨",天子去世称"崩"。

③ 然友:人名,太子的老师。

④ 大故:指大丧,这里指父亲去世。

⑤ 之:至,到。邹与滕相距只有四十余里,所以可以问后行事。

⑥ 自尽:竭尽自己的心力。

⑦ 曾子曰:这几句话在《论语·为政》中是孔子对樊迟说的,孟子以为是曾子语。

⑧ 三年之丧:指子女为父母、臣下为君主守孝三年。

⑨ 齐：指衣服缝边；疏：粗；本句意为用粗布缝边的丧服。古代丧服叫作衰，不缝衣边的叫"斩衰"，缝衣边的叫"齐衰"。

⑩ 馆：稠粥；粥：稀粥；这里是偏义复词，指稀粥。古代礼制规定，丧事期间只能吃粥。

⑪ 宗国：同宗的国家。鲁、滕诸国的始封祖都是周文王的儿子姬旦，而周公封鲁，于行辈较长，所以其余姬姓诸国都以鲁为宗国。

⑫《志》：记载国家大事的一种书，指史官的文献记载。

⑬ 不我足：对我不满。

⑭ 冢宰：官名，辅佐国君的人，在君王居丧期间代理朝政，相当于后来的宰相。

⑮ 歠粥：喝粥。

⑯ 君子之德句：这几句出自《论语·颜渊》篇孔子的话。尚：同"上"。偃：倒下。

⑰ 五月居庐：当时礼制规定，诸侯去世五个月后才下葬。这五个月里，太子要在守丧的地方居住。庐：古人为守丧而搭建在墓旁的小屋。

⑱ 未有命戒：没有颁布任何命令、禁戒。

⑲ 可：认可，赞同。

译 文

滕定公去世了，太子对老师然友说："过去在宋国的时候我曾和孟子交谈，我记在心里久久不忘。现在父亲不幸去世，我想请您先去请教一下孟子，然后再置办丧事。"

然友便到邹国去请教孟子。

孟子

孟子说:"这很好啊!父母的丧事本来就应该尽心竭力去办。曾子说:'父母活着的时候,依照礼节侍奉他们;父母去世,依照礼节安葬他们,依照礼节祭祀他们,这样才算得上是孝子。'诸侯的丧礼,我不曾专门学过,但也曾听说过。守丧三年,穿着缝边的粗麻布做的孝服,吃稀粥一类的食物。夏、商、周三代,从天子到老百姓都是这样做的。"

然友回国报告了太子,太子决定实行三年的丧礼。滕国的宗室百官都不愿意。他们说:"我们的宗国鲁国的历代君主没有实行过这样的丧礼,我们自己的历代祖先也没有这样实行过,到了您这里却要改变祖先的做法,这是不应该的。况且《志》上说:'丧礼、祭祀一律遵从祖先的规矩。'上面还说:'我们应该继承这些规矩。'"

太子对然友说:"过去我不曾做过什么学问,只喜欢骑马驰骋,比试剑法。现在宗室百官都对实行三年的丧礼不满,我恐怕处理不好这件大事,请您再去替我问问孟子吧!"

然友再次到邹国请教孟子。

孟子说:"是的,这是不能求于别人的。孔子说过:'国君去世,太子把一切政事都托付给相国代理,自己每天喝稀粥,脸色暗黑,就临孝子之位哀悼哭泣,大小官员没有谁敢不悲哀的,这是因为太子亲自带头的缘故。'居于上位的人有什么喜好,下面的人一定加倍喜好。君子的德行是风,老百姓的德行是草。风向哪边吹,草必然向哪边倒。所以,这件事完全取决于太子。"

然友回国报告了太子。

太子说:"是啊,这件事确实取决于我。"于是太子在守丧的地方住了五个月,没有颁布任何政令。大小官员和同族的人都很赞成,认为太子知礼。等到下葬的那一天,四面八方的人都来观看,太子的容颜悲伤,哀伤哭泣,前来吊丧的人都对太子非常满意。

滕文公章句下·第二节

景春①曰:"公孙衍②、张仪③岂不诚大丈夫哉?一怒而诸侯惧,安居而天下熄④。"

孟子曰:"是焉得为大丈夫乎?子未学礼乎?丈夫之冠⑤也,父命⑥之;女子之嫁也,母命之,往送之门,戒之曰:'往之女家⑦,必敬必戒,无违夫子⑧!'以顺为正者,妾妇之道也。居天下之广居,立天下之正位,行天下之大道⑨;得志,与民由之⑩;不得志,独行其道。富贵不能淫⑪,贫贱不能移⑫,威武不能屈,此之谓大丈夫。"

注　释

① 景春：孟子的朋友，战国时期纵横家。

② 公孙衍：魏国人，战国时期纵横家，主张合纵抗秦。

③ 张仪：魏国人，战国时期著名的纵横家，主张六国连横，共事秦国。

④ 天下熄：表示天下不再用兵。熄：同"息"，安定。

⑤ 冠：见《论语·先进》"冠者五六人，童子六七人，浴乎沂，风乎舞雩，咏而归"，《礼记·曲礼上》"男子二十冠而字"。古代男子到成年则举行加冠礼，叫作冠，一般在二十岁左右。这里是成年男子的意思。

⑥ 命：训示。

⑦ 女家：汝家，指夫家。

⑧ 夫子：指丈夫。

⑨ 广居、正位、大道：见朱熹《集注》云"广居，仁也；正位，礼也；大道，义也"。

⑩ 由之：由即遵从，遵照，由之指沿着大道前进。

⑪ 淫：指动摇信念。

⑫ 移：指改变意志。

译　文

景春说："公孙衍、张仪难道不是真正的大丈夫吗？他们一发怒，诸侯就会害怕，他们安居家中，天下就太平无事。"

孟子说："这怎么能算大丈夫呢？你没有学习过礼吗？男子行

加冠礼时,父亲训导他;女子出嫁时,母亲教导她,送到大门口,告诫她说:'到了你夫家,必须恭敬,必须谨慎,不要违背丈夫。'以顺从作为正理,是为人妇应遵循的道理。男子应该住在天下最宽广的住宅——仁里,站在天下最正确的位置——礼上,走着天下最光明的大路——义中。如果得志,就同人们一起走这条正道;如果不得志,就独自行走在这条正道上。富贵不能使他腐化堕落,贫贱不能动摇改变他的意志,面对威武不能使他屈服,这才叫大丈夫!"

滕文公章句下·第六节

孟子谓戴不胜①曰:"子欲子之王之善与?我明告子。有楚大夫于此,欲其子之齐语也,则使齐人傅②诸?使楚人傅诸?"

曰:"使齐人傅之。"

曰:"一齐人傅之,众楚人咻③之,虽日挞而求其齐也,不可得矣;引而置之庄岳④之间数年,虽日挞而求其楚,亦不可得矣。子谓薛居州⑤,善士也,使之居于王所。在于王所者，长幼卑尊皆薛居州也，王谁与为不善？
在王所者，长幼卑尊皆非薛居州也，王谁与为善？一薛居州，独⑥如宋王何？"

注释

① 戴不胜：人名，宋国大夫。
② 傅：教导。
③ 咻：喧哗，吵闹。
④ 庄岳：齐国都城闹市。
⑤ 薛居州：人名，宋国有德之士。
⑥ 独：将。

译文

孟子对戴不胜说："你希望你们的君王贤明吗？我明确地告诉你吧。如果有位楚国的大夫，希望他的儿子能学会说齐国话，那么是请齐国人来教他呢？还是请楚国人来教他？"

戴不胜说："请齐国人来教他。"

孟子说："一个齐国人教他，许多楚国人在旁边用楚国话干扰他，即使天天鞭挞并逼他说齐国话，也是不可能学会的。如果把他送到齐国的都城闹市去住几年，即使天天鞭挞并逼他说楚国话，也是做不到的啊。你说薛居州是个贤人，要让他居住在国君的身边。

如果在国君身边的人无论年纪大小、地位高低,都是薛居州那样的贤人,大王和谁去做不仁义的事呢?如果在国君身边的人无论年纪大小、地位高低,都不是薛居州那样的贤人,大王和谁去做仁义的事呢?一个薛居州,又怎能把宋王怎么样呢?"

滕文公章句下·第八节

戴盈之①曰:"什一②,去关市之征,今兹③未能。请轻之,以待来年,然后已,何如?"

孟子曰:"今有人日攘④其邻之鸡者,或告之曰:'是非君子之道。'曰:'请损⑤之,月攘一鸡,以待来年,然后已。'如知其非义,斯速已矣,何待来年?"

注 释

① 戴盈之:宋国大夫。

② 什一:什一税,一种低税率。

③ 今兹:今年。

④攘：见《墨子·非攻》"攘人犬豕鸡豚"，这里是窃取、偷盗的意思。

⑤损：减少。

译文

戴盈之说："田租施行十分取一，免去关卡和市场上的税收，今年还办不到。我先减轻一些，等到明年再全面施行，你觉得怎么样？"

孟子说："现在有一个人每天都偷他邻居一只鸡，有人告诫他说：'这不是君子之道。'他却回答说：'请让我先少偷一些，每月偷一只，等到明年再全部改正。'如果知道这件事做得不对，就应该赶快停止，为什么还要等到明年呢？"

滕文公章句下·第十节

匡章①曰："陈仲子②岂不诚廉士哉？居於陵③，三日不食，耳无闻，目无见也。井上有李，螬④食实者过半矣，匍匐往，将食之，三咽，然后耳有闻，目有见。"

孟子曰："于齐国之士，吾必以仲子为巨

擘⑤焉。虽然,仲子恶能廉?充仲子之操,则蚓而后可者也。夫蚓,上食槁壤⑥,下饮黄泉⑦。仲子所居之室,伯夷之所筑与?抑亦盗跖⑧之所筑与?所食之粟,伯夷之所树与?抑亦盗跖之所树与?是未可知也。"

曰:"是何伤哉?彼身织屦,妻辟纑⑨,以易之也。"

曰:"仲子,齐之世家⑩也。兄戴,盖⑪禄万钟;以兄之禄为不义之禄而不食也,以兄之室为不义之室而不居也,辟兄离母,处于於陵。他日归,则有馈其兄生鹅者,己频顣⑫曰:'恶用是鶂鶂⑬者为哉?'他日,其母杀是鹅也,与之食之。其兄自外至,曰:'是鶂鶂之肉也。'出而哇⑭之。以母则不食,以妻则食之;以兄之室则弗居,以於陵则居之。是尚为能充其类也乎?若仲子者,蚓而后充其操者也。"

注释

① 匡章:人名,齐国人,曾在齐威王和齐宣王在位期间做过将军,相传是孟子的朋友。

② 陈仲子:又称田仲,齐国人,战国时期齐国思想家、隐士。因他居住在於陵,后人称他为於陵子。

③ 於陵:齐国地名,在今山东长山县南。

④ 螬:蛴螬,金龟子的幼虫,是一种害虫。

⑤ 巨擘:大拇指,指在某一方面居于首位的人物。

⑥ 槁壤:指干燥的土壤。

⑦ 黄泉:地下的泉水。

⑧ 盗跖:原名展雄,春秋末期奴隶起义的领袖,也是有名的大盗,柳下惠的弟弟。

⑨ 辟纑:指绩麻和练麻。辟:绩麻,即把麻分开,把短的续长。纑:纺织麻线。

⑩ 世家:世代显贵的家族。

⑪ 盖:地名,在今山东沂水县西北。

⑫ 频顣:同"颦蹙",形容皱着眉头,忧愁的样子。

⑬ 鶂鶂:鹅叫的声音。

⑭ 哇:呕吐。

译　文

匡章说:"陈仲子难道不是一个真正廉洁之人吗?居住在於陵,三天没吃饭,饿得耳朵听不见,眼睛也看不到。井边有一个李子,已被金龟子的幼虫吃掉一大半,他摸索着爬过去取来吃,吃了三口,耳朵才听得见,眼睛才看得见。"

孟子说:"在齐国的人士中,我肯定认为陈仲子是首屈一指的人物。但是,仲子怎么称得上廉洁呢?如果要完全做到仲子的操守,那只有变成蚯蚓才能做到。蚯蚓,吞食地面上的干土,饮用地底下的泉水。而仲子所居住的房屋,是像伯夷那样廉洁的人建造的呢?还是像盗跖那样的强盗建造的呢?他所吃的粮食,是像伯夷那样廉洁的人耕种的呢?还是像盗跖那样的强盗所耕种的?这些都还无法知道哇!"

匡章说:"这有什么关系呢?陈仲子亲自编织草鞋,他的妻子绩麻和练麻,用这些去交换其他的用品。"

孟子说:"仲子的家族,是齐国的世家大族。他的哥哥陈戴,在封地盖邑,有万钟的俸禄。仲子认为他哥哥的俸禄是不义的俸禄而不用,认为他哥哥的房屋是不义之产而不居住,因此避开哥哥,离开母亲,独自住到於陵。有一天回家来,正好碰上有人给他哥哥送一只鹅来,他皱着眉头说:'要这个嘎嘎叫的东西干什么?'过了些天,他母亲杀了这只鹅给他吃,他哥哥从外面回来,说:'这就是

孟子

那嘎嘎叫的东西的肉。'陈仲子听后,立即跑到门外面把肉呕吐出来。母亲做的东西不吃,妻子做的食物却吃;兄长的房屋不住,於陵的房屋却去住,这能称得上是推广廉洁的典范吗?要想像陈仲子那样,恐怕只有先把自己变成蚯蚓才能做到吧?"

离娄章句上·第一节

孟子曰:"离娄①之明、公输子②之巧,不以规矩③,不能成方圆;师旷④之聪,不以六律,不能正五音;尧舜之道,不以仁政,不能平治天下。

今有仁心仁闻而民不被其泽、不可法于后世者,不行先王之道也。故曰,徒⑤善不足以为政,徒法不能以自行。《诗》云:'不愆不忘,率由旧章。'⑥遵先王之法而过者,未之有也。

圣人既竭目力焉,继之以规矩准绳,以为方员平直,不可胜用也;既竭耳力焉,继之以六律⑦正五音⑧,不可胜用也;既竭心思焉,继之以不忍人之政,而仁覆天下矣。故曰:为高必因丘陵,为下必因川泽;为政不因先王之道,可谓智乎?是以惟仁者宜在高位。不仁而在高位,是播其恶于众也。

上无道揆⑨也,下无法守也,朝不信道,工不信度⑩,君子犯⑪义,小人犯刑⑫,国之所存者幸也。故曰:城郭不完⑬,兵甲不多,非国之灾也;田野不辟,货财不聚,非国之害也。上无礼,下无学,贼民兴,丧无日矣。

《诗》曰:'天之方蹶,无然泄泄。'⑭泄泄

孟子

犹沓沓⑮也。事君无义，进退无礼，言则非先王之道者，犹沓沓也。故曰：责难于君谓之恭，陈善闭邪谓之敬，吾君不能谓之贼。"

注释

① 离娄：人名，古代一个视力极好的人，相传是黄帝时人，能于百步之外见秋毫之末。

② 公输子：人名，即公输班，鲁国人，所以又叫鲁班，春秋末年著名的木匠。

③ 规矩：画圆形和画方形的工具。规：画圆形的工具。矩：画方形的工具。

④ 师旷：春秋时代晋国的著名乐师。

⑤ 徒：仅有。

⑥ "《诗》云"以下两句：出自《诗经·大雅·假乐》。愆：错误。率由：遵循。

⑦ 六律：见《礼记·礼运》"五声六律十二管"，古代用来校正乐音标准的管状仪器，以管的长短来确定音阶。从低音算起，成奇数的六个管叫律，成偶数的六个管叫吕，统称十二律。六律分别是太蔟、姑洗、蕤宾、夷则、无射、黄钟。

⑧ 五音：最古老的音阶仅用五音，即宫、商、角、徵、羽。古人通常以宫作为音阶的第一级音。

⑨ 揆:见《诗经·鄘风·定之方中》"揆之以日,作于楚室",《说文解字》"揆,度也",这里用为大致估量之意。

⑩ 度:见《孟子·梁惠王上》"度,然后知长短",《说文解字》"度,法制也"。这里用为计量长短的标准、尺码之意。

⑪ 犯:通"范"。这里用为约束使合规范之意。

⑫ 刑:见《孟子·梁惠王上》"刑于寡妻",这里用为典范、榜样之意。

⑬ 完:坚固。

⑭ "《诗》云"以下两句:出自《诗经·大雅·板》。蹶:动,颠覆。泄泄:多言的样子。

⑮ 沓:话多的样子。

译 文

孟子说:"即使有离娄那样敏锐的目力,有公输班那样精巧的手艺,如果不使用圆规和曲尺,也画不出方形和圆形;即使有师旷那样的耳力,没有六律也不能校正五音;即使有尧舜之道,如果不施行爱民的政策,也不能把天下治理好。

现在有些国君虽有仁爱之心、仁爱之誉,但百姓得不到恩惠,未能被后世效法,就是因为不实行先王之道的缘故。所以说,仅有善心不足以用来治理国政,仅有法度不能使之自行实施。《诗经》上说:'无过失也无遗忘,一切都按传统规章。'遵守先王的法度竟然会犯错误,从来没有过。

圣人既已竭尽了目力,再加以圆规、曲尺、水准、墨线的辅助,做方的、圆的、平的、直的东西就绰绰有余了;既用尽了耳力,再加

孟子

以六律得帮助,校正五音就绰绰有余了;既已竭尽了心思,再加以施行仁政,仁义便能遍布天下了。所以说,站得高必然是站在丘陵上的缘故,凿深一定要依傍河泽;治理国政如果不依照先王之道,怎能说是明智的呢?所以唯有仁人适宜处在领导地位。不仁的人处在领导地位,就等于把他的恶行散播给大众。

在上者没有道德尺度,在下者就没有法则可以遵守,朝廷之士不相信道义,下面的百工就不相信计量标准,官吏触犯义理,百姓违反刑法,这样国家还能生存下去,可以说是太侥幸了。所以说,城郭不坚固,武器不充足,并不是国家的灾害;土地没有开垦,财物没有积聚,也不是国家的祸害;在上者没有社会行为规范,在下者就没有可学的,坏人横行,国家的灭亡就指日可待了。

《诗经》上说:'上天将颠覆他,就不要多嘴多言。'所谓泄泄,就是聒噪啰嗦的意思。侍奉国君不义,进退之间不遵守社会行为规范,言论不遵循先王之道,就是喋喋多言。所以说,用仁政责求君主就称为恭,陈述善良、抵制邪恶就称为敬谨,自己的君主不能做到,这便是贼。"

离娄章句上 · 第三节

孟子曰:"三代之得天下也以仁,其失天下也以不仁。国之所以废兴存亡者亦然。天子不仁,不保四海;诸侯不仁,不保社稷;

卿大夫不仁,不保宗庙①;士庶人不仁,不保四体。今恶死亡而乐不仁,是犹恶醉而强②酒。"

注释

① 庙:这里指采邑(封地),因为卿大夫先有采邑然后才有宗庙。
② 强:勉强。

译文

孟子说:"夏、商、周三代获得天下是由于仁,失去天下是由于不仁。诸侯国家的兴衰存亡也是同样的原因。天子不仁,不能够保有天下;诸侯不仁,不能够保住国家;卿大夫不仁,不能够保住祖庙;士人和平民百姓不仁,不能够保全身家性命。现在的人既害怕死亡却又乐于做不仁义的事,这就好像既害怕醉却偏偏要拼命喝酒一样。"

离娄章句上 · 第五节

孟子曰:"人有恒①言,皆曰'天下国家'。天下之本在国,国之本在家,家之本在身。"

注 释

① 恒：这里用为长久、常常之意。

译 文

孟子说："人们有句老话，都说'天下国家'。可见天下的根本在于国，国的根本在于家，家的根本在于个人。"

孟子曰："不仁者可与言哉？安其危而利其菑①，乐其所以亡者。不仁而可与言，则何亡国败家之有？有孺子歌②曰：'沧浪之水清兮，可以濯我缨；沧浪③之水浊兮，可以濯我足。'孔子曰：'小子听之！清斯濯缨④，浊斯濯足矣，自取之也。'夫人必自侮，然后人侮之；家必自毁，而后人毁之；国必自伐，而后人伐之。《太甲》曰：'天作孽，犹可违；自作

niè　　bù kě huó　　cǐ zhī wèi yě

孽，不可活。'此之谓也。"

注　释

① 菑(zāi)：甲骨文字形，像火焚屋的形状。小篆从川，表水，从火。《国语·周语》："天灾降戾。"这里用为灾祸之意。

② 孺子歌：流传很广的民歌，也见于《楚辞·渔父》。

③ 沧浪：水名，有汉水、汉水之别流、汉水之下流、夏水诸说，此处则是指青苍色的水。

④ 缨：这里为系在脖子上的帽带。

译　文

孟子说："对那些不仁爱者难道可以同他讨论问题吗？他们眼见别人有危险，无动于衷，把灾难的发生当成捞取利益的机会，把导致国破家亡的事当成乐趣。这些不仁爱的人要是可以用言语劝说，那还会有什么亡国败家的事发生呢？曾经有首民歌唱道：'清澈的沧浪水啊，能用来洗我的帽缨；浑浊的沧浪水啊，能用来洗我的双脚。'孔子在一旁听了说：'弟子们听着，清澈的水可以用来洗帽缨，浑浊的水可以用来洗双脚，这是由水决定的事。'所以一个人一定是先自取其辱，然后别人才侮辱他。一个家庭必然是自己先毁坏，别人才来毁坏它。一个国家必然是自己内部先互相征伐，别人才来讨伐它。《太甲》上说'天降灾祸，还可以躲避；自己做坏事，就自取灭亡'，说的就是这个意思。"

离娄章句上·第十二节

孟子曰:"居下位而不获于上,民不可得而治也。获于上有道,不信于友,弗获于上矣。信于友有道,事亲弗悦,弗信于友矣。悦亲有道,反身不诚,不悦于亲矣。诚身有道,不明乎善,不诚其身矣。是故诚者,天之道也;思诚者,人之道也。至诚而不动者,未之有也;不诚,未有能动者也。"

注 释

① 获于上:获得上级的信任。

译 文

孟子说:"职位低下而得不到上司的信任,是不能治理好百姓的。要获得上司的信任也有一定的方法,如果不能得到朋友的信任,也就不能获得上司的信任;取信于朋友也有一定的方法,不能侍奉好双亲,就不能取信于朋友;博得父母的欢心也有一定的方法,如果反躬自问而不诚心诚意,也就不能博得父母的欢心;要想诚心诚意也有一定的方法,如果不明白什么是善,也就不能做到真心诚意。因此,所谓的真心诚意,是天的准则;追求真心诚意,是人类的准则。有了至诚的心意而没有打动别人,是没有的。不真心诚意,要打动别人也是不可能的。"

离娄章句上·第十七节

淳于髡曰:"男女授受不亲,礼与?"

孟子曰:"礼也。"

曰:"嫂溺,则援之以手乎?"

曰:"嫂溺,不援,是豺狼也。男女授受不亲,礼也;嫂溺援之以手者,权也。"

曰:"今天下溺矣,夫子之不援,何也?"

曰:"天下溺,援之以道;嫂溺,援之以手——子欲手援天下乎?"

注 释

① 淳于髡(kūn)：人名，齐国人，曾仕于齐威王、齐宣王和梁惠王等朝。

② 权：见《荀子·议兵》"夫是之谓五权"，班固《东都赋》"萧公权宜而拓其制"，这里用为权宜、变通之意。

译 文

淳于髡说："男女之间不亲手递接东西，这是一种礼吗？"

孟子说："是礼。"

淳于髡说："如果嫂嫂掉入水中，要伸手去救她吗？"

孟子说："嫂嫂掉入水中不伸手去救，简直就是豺狼。所谓男女授受不亲，是一种礼；嫂嫂掉入水中，伸手去救，是一种变通之计。"

淳于髡说："如今天下的人都掉入水中，先生却不伸手去救援，这是为什么呢？"

孟子说："天下的人掉入水中，要想救援，就要用道来救助。嫂嫂掉入水中，用手去救援。难道你想让我用手去救天下的人吗？"

 离娄章句上·第二十一节

mèng zǐ yuē　　yǒu bù yú　　zhī yù　　yǒu qiú quán zhī huǐ
孟子曰："有不虞①之誉，有求全之毁。"

注 释

① 虞：见《诗经·大雅·抑》"用戒不虞"，这里用为猜度、料想之意。

译 文

孟子说："有料想不到的赞誉，也有苛求的诋毁。"

离娄章句上·第二十三节

mèng zǐ yuē　　rén zhī huàn zài hào wéi rén shī
孟子曰："人之患在好为人师。"

译 文

孟子说："人的毛病在于喜欢做别人的老师。"

离娄章句上·第二十四节

yuè zhèng zǐ　　cóng yú zǐ áo　　zhī qí
乐正子从于子敖之齐。
yuè zhèng zǐ jiàn mèng zǐ　　mèng zǐ yuē　　zǐ yì lái jiàn wǒ hū
乐正子见孟子。孟子曰："子亦来见我乎？"
yuē　　xiān shēng hé wéi chū cǐ yán yě
曰："先生何为出此言也？"

曰："子来几日矣？"

曰："昔者③。"

曰："昔者，则我出此言也，不亦宜乎？"

曰："舍馆未定。"

曰："子闻之也，舍馆定，然后求见长者乎？"

曰："克有罪。"

注　释

① 乐正子：名克，鲁国人，孟子的学生，当时正在鲁国做官。

② 子敖：姓王名驩，字子敖，齐国贵臣，官右师。

③ 昔者：昨天。

译　文

乐正子随同王子敖到了齐国。

乐正子来见孟子。孟子说："你也会来见我吗？"

乐正子说："先生为什么说这样的话呢？"

孟子说："你来了几天了？"

乐正子说："昨天来的。"

孟子说："昨天？那么我说这样的话，不是正合适吗？"

乐正子说:"我是因为住的客舍还没有找好。"

孟子说:"你曾听说过,要等客舍找好后,才来求见长辈的吗?"

乐正子说:"我错了。"

离娄章句下·第二节

子产①听郑国之政,以其乘舆济人于溱②洧③。

孟子曰:"惠而不知为政。岁十一月④,徒杠⑤成;十二月舆梁⑥成,民未病涉也。君子平其政,行辟⑦人可也,焉得人人而济之?故为政者,每人而悦之,日亦不足矣。"

注　释

① 子产:春秋后期政治家,郑国执政,郑穆公之孙,名侨,亦称公孙侨,青年时即表现出远见卓识。

② 溱:郑国水名,源于河南密县东北圣水峪,东南会合洧水为双洎河,东流入贾鲁河。《诗经·郑风·溱洧》:"溱与洧,方涣涣兮。"

③ 洧:郑国水名,源于河南登封东部阳城山,东流经密县与溱水会合。

④ 十一月:指周历,夏历为九月。下句中的十二月指夏历十月。

⑤ 徒杠:指徒步行走的简易的独木桥。

⑥ 舆梁:指可通行马车的大桥。

⑦ 辟:回避。

译文

子产主持郑国的国政,用自己坐的大马车载行人渡过溱水和洧水。

孟子说:"子产这只是小恩惠,他不懂得政治。如果在十一月份,搭好徒步行走的独木桥;在十二月份,搭好可通行马车的大桥,百姓就不会为过河发愁了。君子整治好自己的政务,外出时使行人避开道路也是可以的,又怎么能去帮助行人一个个渡过河呢?所以,治理国家政事的人,要讨每个人的欢心,时间也不够用啊。"

离娄章句下·第三节

孟子告齐宣王曰:"君之视臣如手足,则臣视君如腹心;君之视臣如犬马,则臣视君如国人;君之视臣如土芥,则臣视君如寇仇。"

王曰："礼，为旧君有服①，何如斯可为服矣？"

曰："谏行言听，膏泽下于民；有故而去，则君使人导之出疆，又先于其所往；去三年不反，然后收其田里。此之谓三有礼焉。如此，则为之服矣。今也为臣，谏则不行，言则不听；膏泽不下于民；有故而去，则君搏执之，又极②之于其所往；去之日，遂收其田里。此之谓寇仇。寇仇，何服之有？"

注释

① 为旧君有服：指离职的臣子为原先的君主服孝。

② 极：穷困，这里作使动用法，意思是使其处境极端困难。

译文

孟子告诉齐宣王说："君主把臣下当手足，臣下就会把君主当腹心；君主把臣下当狗马，臣下就会把君主当一般不相干的人；君

孟子

主把臣下当泥土、草芥,臣下就会把君主当仇敌。"

齐宣王说:"礼制规定,已经离职的臣下也应为过去的君主服孝。君主要怎样做才能使他们为他服孝呢?"

孟子说:"臣下有劝谏,君主接受;臣下有建议,君主听从;政治上的恩惠下达到老百姓;臣下有什么原因不得不离去,君主打发人送他出国境,并派人先到臣下要去的地方作一番安排布置;离开了三年还不回来,才收回他的土地和房屋。这就叫作三有礼。这样做了,臣下就会为他服孝。如今做臣下的,劝谏,君王不接受;建议,君王不听从;政治上的恩惠到不了老百姓身上;臣下有什么原因不得不离去,君主把他捆绑起来,还想方设法使他到所去的地方后穷困万分;离开的当天就收回他的土地和房屋。这种情况叫作仇敌。对仇敌一样的旧君,臣下还有什么孝可服呢?"

 离娄章句下 · 第八节

mèng zǐ yuē　rén yǒu bù wéi yě　ér hòu kě yǐ yǒu wéi
孟子曰:"人有不为也,而后可以有为。"

 译　文

孟子说:"人要有所不为,然后才能有所为。"

 离娄章句下 · 第十五节

mèng zǐ yuē　bó xué ér xiáng shuō zhī　jiāng yǐ fǎn shuō yuē yě
孟子曰:"博学而详说之,将以反说约也。"

译 文

孟子说:"广博地学习,详尽地解说,目的在于融会贯通后返归到简约去。"

离娄章句下·第二十四节

逢蒙学射于羿,尽羿之道,思天下惟羿为愈己③,于是杀羿。孟子曰:"是亦羿有罪焉。"

公明仪曰:"宜若④无罪焉。"

曰:"薄乎云尔,恶得无罪?郑人使子濯孺子侵卫,卫使庾公之斯追之。子濯孺子曰:'今日我疾作,不可以执弓,吾死矣夫!'问其仆曰:'追我者谁也?'其仆曰:'庾公之斯也。'曰:'吾生矣。'其仆曰:'庾公之斯,卫之善射者也；夫子曰吾生，何谓也？'曰：'庾公之斯学射于尹公之他，尹公之他学射于我。夫尹公之他，端人也，其取友必端⑤矣。'庾公之斯至，曰：'夫子何为不执弓？'曰：'今日我疾作，不可以执弓。'曰：'小人学射于尹公之他，尹公之他学射于夫子。我不忍以夫子之道反害夫子。虽然，今日之事，君事也，我不敢废。'抽矢，扣轮，去其金，发乘矢⑥而后反。"

注　释

① 逢蒙：羿的家臣，曾向羿学习箭法，后来帮助寒浞杀羿。

② 羿：音 yì。这里为夏时有穷氏国君。古代有羿毙十日（指羿射日）的传说。

③ 愈己：超过自己。愈：通"逾"，超过的意思。

④ 宜若：好像的意思。

⑤ 端：见《说文解字》"端，直也"，这里用为端庄、正直之意。端人：品行端正的人。

⑥ 乘矢：四只箭。

译　文

逢蒙向羿学习箭法,把羿的射箭术都学到了,寻思天下只有羿的箭术超过自己,就杀害了羿。孟子说:"这事羿自己也有责任。"

公明仪说:"好像羿没有什么过错啊。"

孟子说:"过错不大就是了,怎么没有过错呢?郑国曾经派子濯孺子去侵犯卫国,卫国派庾公之斯去追击他。子濯孺子说:'我今天疾病发作,不能开弓放箭,我要死在此地了。'他问他的驾车人:'追赶我们的是谁?'他的驾车人说:'是庾公之斯。'子濯孺子说:'我死不了。'驾车人说:'庾公之斯,是卫国著名的神箭手,先生说死不了,是为什么呢?'子濯孺子说:'庾公之斯学习射箭于尹公之他,尹公之他学习射箭于我。尹公之他这个人,是个正直的人。他所选择交往的朋友必然也是正直的人。'说着,庾公之斯追到,说:'先生为什么不执弓?'子濯孺子说:'我今天疾病发作,不能开弓放箭。'庾公之斯说:'我学习射箭于尹公之他,尹公之他学习射箭于先生,我不忍心用先生的箭法反过来伤害先生您。然而,今天的事情,是奉君主之命,我不敢不做。'于是他便取出箭敲击车轮,去掉箭头,射出四箭,然后就回去了。"

 离娄章句下·第二十八节

mèng zǐ yuē　　jūn zǐ suǒ yǐ yì yú rén zhě　yǐ qí cún xīn
孟子曰:"君子所以异于人者,以其存心
yě　　jūn zǐ yǐ rén cún xīn　yǐ lǐ cún xīn　rén zhě ài rén
也。君子以仁存心,以礼存心。仁者爱人,

有礼者敬人。爱人者，人恒爱之；敬人者，人恒敬之。

有人于此，其待我以横逆①，则君子必自反也：我必不仁也，必无礼也，此物奚宜②至哉？其自反而仁矣，自反而有礼矣，其横逆由是也，君子必自反也：我必不忠。自反而忠矣，其横逆由是也，君子曰：'此亦妄人也已矣。如此，则与禽兽奚择③哉？于禽兽又何难④焉？'

是故君子有终身之忧，无一朝之患也。乃若⑤所忧则有之：舜，人也；我，亦人也。舜为法于天下，可传于后世，我由未免为乡人⑥也，是则可忧也。忧之如何？如舜而已矣。

若夫⑦君子所患则亡矣。非仁无为也,非礼无行也。如有一朝之患,则君子不患矣。"

注　释

① 横逆:蛮横不讲理。
② 奚宜:怎么会。
③ 奚择:有什么区别。
④ 何难:有什么可计较的。难:计较。
⑤ 乃若:这样的。
⑥ 乡人:普通人。
⑦ 若夫:至于。

译　文

孟子说:"君子之所以不同于普通人,就是因为存的心思不一样。君子以建立人与人之间相互亲爱的关系存于心中,以社会行为规范存于心中。能建立人与人之间相互亲爱的关系的人能爱别人,心中有社会行为规范的人能尊敬别人。能爱别人的人,别人也能常常爱他;能尊敬别人的人,别人也常常尊敬他。

假定这里有个人,他对我蛮横而不顺从,那么君子就要自我反省:'我必然有不仁的地方,必然有不遵守社会行为规范的地方,否则,这种情况怎么能够出现呢?'他自我反省而达到仁爱,自我反省能遵守社会行为规范,那人仍然是蛮横而不顺从,君子又会自我反省:'我必然有不忠诚的地方。'自我反省而达到忠诚,那人蛮横而不顺从的情况仍然如是,君子就会说:'这无非是个狂妄之徒而已,这样的人,跟禽兽有什么区别呢?对禽兽又有什么可责难的呢?'

因此,君子有长期的忧虑,但却没有短时的后患。这样的忧虑是有的:舜是人,我也是人。大舜为天下作了榜样,名传后代,而我还不免是个普通的乡下人,这才值得忧虑。忧虑又怎么办呢?像舜一样就是了。至于君子别的担心也就没有了。不是建立人与人之间相互亲爱的关系的事不做,不符合社会行为规范的事不干。即使有后患发生,那么君子也不用担心。"

离娄章句下·第三十三节

齐人有一妻一妾而处室者,其良人①出,则必餍②酒肉而后反。其妻问所与饮食者,则尽富贵也。其妻告其妾曰:"良人出,则必餍酒肉而后反;问其与饮食者,尽富贵也,而未尝有显者来,吾将瞷良人之所之也。"

蚤③起,施④从良人之所之,遍国中无与立谈者。卒之东郭墦⑤间,之祭者,乞其余;

不足，又顾而之他，此其为餍足之道也。

其妻归，告其妾，曰："良人者，所仰望而终身也。今若此。"与其妾讪其良人，而相泣于中庭。而良人未之知也，施施从外来，骄其妻妾。

由君子观之，则人之所以求富贵利达者，其妻妾不羞也，而不相泣者，几希矣。

注　释

① 良人：古时女子对丈夫的称呼，意思近于"郎"。

② 餍（yàn）：见《国语·晋语九》"主之既已食，愿以小人之腹，为君子之心，属餍而已，是以三叹"，这里用为吃饱之意。

③ 蚤：同"早"。

④ 施：见《诗经·王风·丘中有麻》"彼留子嗟，将其来施施"，这里用为逶迤斜行之意，意为偷偷地跟着。

⑤ 墦（fán）：见《广雅·释丘》"墦，冢也"，这里用为坟场之意。

译　文

齐国有一个人家中有一妻一妾，她们的丈夫每次外出，一定是

孟子

酒足饭饱才回来。他妻子问他跟谁在一起吃喝,他说的全是富贵人物。他的妻子告诉妾说:"丈夫每次外出,都是酒足饭饱才回家,问他跟谁吃喝,他说全是富贵人物,但家里从来没有显赫的人来过,我要去偷偷看看丈夫所去的地方。"

次日清早起床,她便偷偷地跟着丈夫到他所到的地方,遍城的人没有一个站住跟她丈夫交谈的。后来到了东郊的坟场里,他便走到祭扫坟墓者那里乞讨剩下的酒肉;不够饱,又四处张望转向别处乞讨。这就是他酒足饭饱的办法。

他妻子回来后,告诉妾,说:"所谓的丈夫,是我们仰望为终身的依靠,如今竟然是这样……"妻子与妾一起咒骂、讥讽丈夫,并在庭院中相对哭泣,而她们的丈夫还不知道,逶迤斜行着从外面回来,在妻妾面前夸耀。

在君子看来,人们追求富贵腾达的方法能使其妻妾不感到羞耻而相对在庭院中哭泣的,真是太少了。

万章章句上 · 第一节

万章问曰:"舜往于田,号泣于旻①天,何为其号泣也?"

孟子曰:"怨慕也。"

万章曰:""父母爱之,喜而不忘;父母恶

之,劳②而不怨。'然则舜怨乎?"

曰:"长息③问于公明高曰:'舜往于田,则吾既得闻命矣;号泣于旻天,于父母,则吾不知也。'公明高曰:'是非尔所知也。'夫公明高以孝子之心,为不若是恝④,我竭力耕田,共⑤为子职而已矣,父母之不我爱,于我何哉?帝使其子九男二女,百官牛羊仓廪备,以事舜于畎亩之中。天下之士多就之者,帝将胥⑥天下而迁之焉。为不顺于父母,如穷人无所归。天下之士悦之,人之所欲也,而不足以解忧;好色,人之所欲,妻帝之二女,而不足以解忧;富,人之所欲,富有天下,而不足以解忧;贵,人之所欲,贵为天子,

孟子

而不足以解忧。人悦之、好色、富贵，无足以解忧者，惟顺于父母可以解忧。人少，则慕父母；知好色，则慕少艾⑦；有妻子，则慕妻子；仕则慕君，不得于君则热中⑧。大孝终身慕父母。五十而慕者，予于大舜见之矣。"

注 释

① 旻(mín)：见《尚书·尧典》"钦若旻天"，《尔雅·释天》"秋为旻天"。旻本义为秋天，这里泛用为"天"之意。

② 劳：见《诗经·陈风·月出》"舒窈纠兮，劳心悄兮"，《诗经·邶风·燕燕》"实劳我心"，这里用为忧愁、愁苦、操心之意。

③ 长息：人名，公明高的学生。公明高：人名，曾子的学生。

④ 恝(jiá)：见《广韵·黠韵》"恝，无愁貌"，这里用为淡然、不在乎的样子。

⑤ 共：通"恭"，这里用为恭敬之意。

⑥ 胥：见《管子·大匡》"将胥有所定也"，这里用为观察、考察之意。

⑦ 少艾：见《国语·晋语》"国君好艾，大夫殆"，这里用为漂亮的人之意。

⑧ 热中：内心焦躁。

译 文

万章问:"大舜到田野里,望着天空哭诉,是什么事让他呼号哭泣呢?"

孟子说:"这是因为他对父母又怨恨又思念。"

万章说:"常听说'得父母宠爱,高兴而不懈怠;被父母厌恶,即使忧愁也不怨恨。'那么,大舜怨恨父母吗?"

孟子说:"长息曾经问公明高:'大舜到田野里,我已经听你讲解过了;望着天哭诉,是为了父母,那我就不懂了。'公明高说:'这就不是你能理解的了。'这是公明高认为的孝子的心态,他认为不应该若无其事,淡然处之:我尽力地耕田,恭敬地完成做儿子的职责而已,至于父母不宠爱我,我有什么办法呢?帝尧派他的九个儿子、两个女儿,还有百官带着牛羊、粮食,到农田里去侍奉大舜,天下的许多读书人都去归附他,帝尧考察天下而把天下迁让给舜。而舜就因为不被父母喜欢,就如同穷人找不到归宿一样。被天下的读书人所喜欢,是每个人希望得到的,还不足以消除舜的忧愁;美貌的女子,也是每个人希望得到的,娶了帝尧的两个女儿,还不足以消除舜的忧愁;财富,也是每个人希望得到的,拥有了整个天下,也还是不足以消除舜的忧愁;尊贵,也是每个人希望得到的,身为天子那样的尊贵,也还不足以消除舜的忧愁。被人喜爱、美色、财富且尊贵,没有一样能消除舜的忧愁,唯有让父母顺心才能解忧。人在少年时,依恋父母;知道爱好美色了,则思念年轻漂亮的少女;有了妻子,就会眷恋家室;入仕做官就会讨好君主,得不到君主赏识就会内心焦躁;只有最孝顺的人终身思念父母。到了五十岁还思念父母的人,我在大舜身上见到了。"

万章章句上·第九节

万章问曰:"或曰:'百里奚①自鬻②于秦养牲者五羊之皮食牛,以要秦穆公③。'信乎?"

孟子曰:"否,不然。好事者为之也。百里奚,虞④人也。晋人以垂棘之璧与屈产之乘,假道于虞以伐虢⑤。宫之奇⑥谏,百里奚不谏。知虞公之不可谏而去,之秦,年已七十矣,曾⑦不知以食牛干⑧秦穆公之为污也,可谓智乎?不可谏而不谏,可谓不智乎?知虞公之将亡而先去之,不可谓不智也。时举⑨于秦,知穆公之可与有行⑩也而相之,可谓不智乎？相秦而显其君于天下，可传于后世，不贤而能之乎？自鬻以成其君，乡党自好者不为，而谓贤者为之乎？"

注释

① 百里奚：人名，虞国大夫，虞灭后被转卖到楚国，秦穆公听说他有贤才，遂以五张羊皮的代价将他赎出，任命他为秦国大夫。在他的辅佐下，秦穆公成就了春秋霸业。

② 鬻：见《左传·昭公十四年》"鲋也鬻狱"，《国语·齐语》"市贱鬻贵"，这里用为卖、出售之意。

③ 秦穆公：春秋时秦国君，名任好。

④ 虞：周初所封诸侯国名，在今山西平陆县东北。

⑤ 虢：周朝诸侯国名，在今山西平陆县境。

⑥ 宫之奇：虞国大夫。

⑦ 曾：竟然，居然。

⑧ 干：这里用为求取之意。

⑨ 举：这里用为选拔、举荐之意。

⑩ 有行：有所作为。

译文

万章问："有人说，百里奚把自己卖给秦国饲养牲畜的人，得到

孟子

五张羊皮,去跟人家放牛,以此求取秦穆公的重用,你相信这件事吗?"

孟子说:"不,不是这样的,这是好事之徒编造出来的。百里奚是虞国人,晋国人用垂棘产的璧玉和屈地产的良马为礼物,向虞国借路以便去征伐虢国。当时的虞国大臣宫之奇劝谏虞君,劝他不要答应,百里奚不劝谏,因为他知道虞君是劝谏不了的,于是他就离去了。他到秦国时,已有七十岁了,竟然不知道以养牛的方式去求秦穆公是一种卑劣的方式?这能说是明智吗?知道不可劝谏而不劝谏,能说是不明智吗?知道虞君将要毁亡而事先离开他,就不可以说不明智了。当时在秦国被选荐,知道秦穆公是个有作为的人而辅佐他,难道说不明智吗?辅佐秦国而使秦国的君主扬名于天下,能留传于后代,不贤明能做到这样吗?卖掉自己以成就君主,连一般乡党中清白的人都不肯干,怎么能说贤者倒肯这样干呢?"

万章章句下·第一节

孟子曰:"伯夷,目不视恶色,耳不听恶声。非其君,不事;非其民,不使。治则进,乱则退。横①政之所出,横民之所止,不忍居也。思与乡人处,如以朝衣朝冠坐于涂炭也。当纣之时，居北海之滨，以待天下之清也。故闻伯夷之风者，顽②夫廉，懦夫有立志。"

"伊尹曰：'何事非君？何使非民？'治亦进，乱亦进，曰：'天之生斯民也，使先知觉后知，使先觉觉后觉。予，天民之先觉者也。予将以此道觉此民也。'思天下之民匹夫匹妇有不与被尧舜之泽者，若己推而内之沟中——其自任以天下之重也。"

"柳下惠不羞污君，不辞小官。进不隐贤，必以其道。遗佚③而不怨，厄穷而不悯。与乡人处，由由然不忍去也。'尔为尔，我为我，虽袒裼裸裎④于我侧，尔焉能浼⑤我哉？'

孟子

故闻柳下惠之风者，鄙夫⑥宽，薄夫⑦敦。"

"孔子之去齐，接淅⑧而行；去鲁，曰：'迟迟吾行也，去父母国之道也！'可以速而⑨速，可以久而久，可以处而处，可以仕而仕，孔子也。"

孟子曰："伯夷，圣之清者也；伊尹，圣之任者也；柳下惠，圣之和者也；孔子，圣之时者也。孔子之谓集大成。集大成也者，金声而玉振之也⑩。金声也者，始条理也；玉振之也者，终条理也。始条理者，智之事也；终条理者，圣之事也。智，譬则巧也；圣，譬则力也。由射于百步之外也，其至，尔力也；其中，非尔力也。"

注　释

① 横：暴。

② 顽：贪婪。

③ 遗佚：不被重用。

④ 袒裼裸裎：四个字意思相近，同义复用，都是赤身裸体的意思。

⑤ 浼：污染。

⑥ 鄙夫：心胸狭窄的人。

⑦ 薄夫：刻薄的人。

⑧ 接淅：淘米。

⑨ 而：则。以下几句同。

⑩ 金声：指镈（bó）钟发出的声音。玉振：指玉磬收束的余韵。古代奏乐，以镈钟起音，以玉磬收尾。

译　文

孟子说："伯夷，眼睛不看丑陋的事物，耳朵不听邪恶的声音。不是他理想的君主，不侍奉；不是他理想的百姓，不使唤。天下太平就出来做官，天下混乱就隐退不出。施行暴政的国家，住有暴民的地方，他都不愿意居住。他认为和没有教养的人相处，就像穿戴着上朝的礼服、礼帽却坐在泥涂或炭灰上一样。当商殷纣王暴虐统治的时候，他隐居在北海海边，等待着天下太平。所以，听过伯夷风范的人，贪得无厌的人会变得廉洁，懦弱的人会变得意志坚定。"

孟子

"伊尹说：'哪个君主不可以侍奉？哪个百姓不可以使唤？'所以，他是天下太平做官，天下混乱也做官。他说：'上天生育这些百姓，就是要让先知的人来开导后知的人，先觉的人来开导后觉的人。我就是这些人中先知先觉的人，我要开导这些后知后觉的人。'他认为天下的百姓中，只要有一个普通男子或普通妇女没有承受到尧舜的恩泽，就好像是他自己把别人推进山沟之中去了一样——这就是他以挑起天下的重担为己任的态度。"

"柳下惠不以侍奉坏君主为耻辱，也不因官小而不做。做官不隐藏自己的才能，坚持按自己的原则办事。不被重用不怨恨，穷困也不忧愁。与没有教养的人相处，也照样很自在地不忍离去。他说：'你是你，我是我，你就是赤身裸体在我旁边，对我又有什么污染呢？'所以，听到过柳下惠风范的人，心胸狭窄的人会变得宽阔起来，刻薄的人会变得厚道起来。"

"孔子离开齐国的时候，不等把米淘完就走；离开鲁国时却说：'我们慢慢走吧，这是离开父母之邦的路啊！'应该快就快，应该继续干就继续干，应该隐居就隐居，应该做官就做官。这就是孔子。"

孟子说："伯夷是圣人里面最清高的，伊尹是圣人里面最负责任的，柳下惠是圣人里面最随和的，孔子是圣人里面最识时务的。孔子可以称为集大成者。集大成的意思，就好比乐队演奏，以镈钟声开始起音，以玉磬声结束。镈钟声起音是为了有条理地开始，玉磬声收尾是为了有条理地结束。有条理地开始是智方面的事，有条理地结束是圣方面的事。智好比是技巧，圣好比是力量。犹如在百步以外射箭，箭能射到靶子，是靠你的力量；射中了，却是靠技巧而不是靠力量。"

万章章句下·第三节

万章问曰:"敢问友①。"

孟子曰:"不挟②长,不挟贵,不挟兄弟而友。友也者,友其德也,不可以有挟也。孟献子③,百乘之家也,有友五人焉:乐正裘、牧仲④,其三人,则予忘之矣。献子之与此五人者友也,无献子之家者也。此五人者,亦有献子之家,则不与之友矣。非惟百乘之家为然也。虽小国之君亦有之。费惠公⑤曰:'吾于子思,则师之矣;吾于颜般,则友之矣;王顺、长息则事我者也。'非惟小国之君为然也,虽大国之君亦有之。晋平公之于亥唐⑥也,入云则入,坐云则坐,食云则食。虽蔬食⁷菜羹，未尝不饱，盖不敢不饱也。然终于此而已矣。弗与共天位也，弗与治天职也，弗与食天禄也，士之尊贤者也，非王公之尊贤也。舜尚⁸见帝，帝馆甥于贰室，亦飨舜，迭为宾主，是天子而友匹夫也。用下敬上，谓之贵贵；用上敬下，谓之尊贤。贵贵、尊贤，其义一也。"

注　释

① 友：见《论语·为政》"孝乎惟孝，友于兄弟，施于有政"，《论语·季氏》"益者三友，损者三友"，这里用为交朋友之意。

② 挟：见《孟子·尽心上》"挟贵而问，挟贤而问，挟长而问"，《战国策·秦策一》"挟天子以令天下，天下莫敢不听"，这里依仗之意。

③ 孟献子：人名，鲁国的大夫，叫仲孙蔑。

④ 乐正裘、牧仲：与后面的颜般、王顺、长息皆人名。

⑤ 费惠公：春秋时周朝所封的一个小国的一个国君。

⑥ 亥唐：人名，晋国人。

⑦ 蔬食:粗糙的饭食。蔬:同"疏"。

⑧ 尚:通"上"。

译 文

万章问:"冒昧地请问怎么交朋友?"

孟子说:"不要依仗长辈,不要依仗尊贵的人,不要依仗兄弟而交朋友。所交朋友,是看中别人的德行,因此不可以有依仗的因素在里面。孟献子,是拥有兵车百乘的世家,有五个朋友,乐正裘、牧仲,其他三个人的姓名我忘记了。孟献子和这五个人交朋友,是因为这五个人并没有看重他的家世。这五个人如果也看重献子家的地位,孟献子就不会与他们交朋友。拥有兵车百乘的世家如此,即使小国的国君也是这样。费惠公说:'我把子思看成是老师;我对于颜般,则是当成朋友;王顺、长息则是侍奉我的臣子。'不仅是小国的君主如此,即使是大国的君主也是这样。晋平公到亥唐那里,亥唐叫他进去就进去,叫他坐下就坐下,叫他吃饭就吃饭,哪怕是粗茶淡饭,从不会不吃饱,因为不敢不吃饱。然而晋平公也只能做到这一步了。不与他共居官位,不与他共理政事,不与他共享俸禄,这只是读书人对贤者的尊敬态度,不是王公对贤者的尊敬态度。舜去觐见帝尧,帝尧让女婿住在备用的房间里,也宴请舜,互为宾主,这是天子跟普通人交朋友的行为方式。职位低的人尊敬职位高的人,就称为尊重贵人。职位高的人尊敬职位低的人,就称为尊敬贤人。尊重贵人、尊敬贤人,其行为方式都是一样的。"

万章章句下·第八节

孟子谓万章曰:"一乡之善士斯友一乡之善士,一国之善士斯友一国之善士,天下之善士斯友天下之善士。以友天下之善士为未足,又尚①论古之人。颂②其诗,读其书,不知其人,可乎?是以论其世也。是尚友也。"

注 释

① 尚:同"上"。
② 颂:同"诵"。

译 文

孟子对万章说:"一个乡的优秀人物就和一个乡的优秀人物交朋友,一个国家的优秀人物就和一个国家的优秀人物交朋友,天下的优秀人物就和天下的优秀人物交朋友。如果认为和天下的优秀人物交朋友还不够,便又上溯古代的优秀人物。吟咏他们的诗,读他们的书,不知道他们到底是什么人,可以吗?所以要研究他们所处的社会时代。这就是上溯历史与古人交朋友。"

万章章句下·第九节

齐宣王问卿。

孟子曰:"王何卿之问也?"

王曰:"卿不同乎?"

曰:"不同。有贵戚之卿,有异姓之卿。"

王曰:"请问贵戚之卿。"

曰:"君有大过则谏,反覆之而不听,则易位。"

王勃然变乎色。

曰:"王勿异也。王问臣,臣不敢不以正对。"

wáng sè dìng　rán hòu qǐng wèn yì xìng zhī qīng
王色定，然后请问异姓之卿。
yuē　jūn yǒu guò zé jiàn　fǎn fù zhī ér bù tīng　zé qù
曰："君有过则谏，反覆之而不听，则去。"

注 释

① 贵戚之卿：指同姓之卿。
② 正：诚。

译 文

齐宣王向孟子请教关于公卿的问题。

孟子说："大王问的是什么样的公卿呢？"

齐宣王说："难道还有不同的公卿吗？"

孟子说："是有不同的，有和王室同宗族的公卿，有非王族的异姓公卿。"

齐宣王说："请问和王室同宗族的公卿。"

孟子说："国君有大的过错他们则劝谏，反复劝谏不听，就另立国君。"

齐宣王脸色一下子变得很难看。

孟子说："大王不要见怪，大王问臣，臣不敢不诚实回答。"

齐宣王脸色平静下来，然后问非王族的异姓公卿。

孟子说："国君有过错他们则劝谏，反复劝谏不听，他们就会离开这个国家。"

告子章句上 · 第七节

孟子曰："富岁，子弟多赖①；凶岁，子弟多暴，非天之降才尔殊②也，其所以陷溺其心者然也。今夫麰麦③，播种而耰④之，其地同，树⑤之时又同，浡然⑥而生，至于日至⑦之时，皆熟矣。虽有不同，则地有肥硗⑧，雨露之养、人事之不齐也。故凡同类者，举相似也，何独至于人而疑之？圣人，与我同类者。故龙子⑨曰：不知足而为屦，我知其不为蒉⑩也。'屦之相似，天下之足同也。口之于味，有同耆⑪也。易牙⑫先得我口之所耆者也。如使口之于味也，其性与人殊⑬，若犬马之与我不同类也，则天下何耆皆从易牙之于味也？

至于味，天下期于易牙，是天下之口相似也。惟⑭耳亦然。至于声，天下期于师旷，是天下之耳相似也。惟目亦然。至于子都⑮，天下莫不知其姣也。不知子都之姣者，无目者也。故曰，口之于味也，有同耆焉；耳之于声也，有同听焉；目之于色也，有同美焉。至于心，独无所同然乎？心之所同然者何也？谓理也，义也。圣人先得我心之所同然耳。故理义之悦我心，犹刍豢⑯之悦我口。"

注　释

① 赖：同"懒"。

② 尔：这样，如此。殊：不同。

③ 麰(móu)麦：大麦。

④ 耰(yōu)：本为农具名，此处作动词，指用土覆盖种子。

⑤ 树：动词，种植。

⑥ 浡(bó)：旺盛。

⑦ 日至：即夏至。

⑧ 硗（qiāo）：土地贫瘠，不肥沃。

⑨ 龙子：古代的贤人。

⑩ 蒉（kuì）：筐、篮。

⑪ 耆（shì）：通"嗜"。

⑫ 易牙：春秋时齐国最擅烹调的人、齐桓公的宠臣。

⑬ 与人殊：即"人与人殊"之意。

⑭ 惟：此处为语首词，无义。

⑮ 子都：春秋时代美男子。

⑯ 刍豢（huàn）：泛指家畜。

译 文

孟子说："丰收年成，少年子弟多半懒惰；灾荒年成，少年子弟多半横暴，不是天生资质这样不同，而是由于外部环境使他们的心有所陷溺。以大麦而论，播种后用土把种子覆盖好，同样的土地、同样的播种时间，它们蓬勃地生长，到了夏至时，全都成熟了。虽然有收获多少的不同，但那是由于土地有肥瘠，雨水有多少，人们有勤惰。所以凡是同类的事物，其主要的方面都是相似的，为什么一说到人就发生疑问了呢？圣人，与我们是同类的人嘛。所以龙子说：'不用知道脚的长短去编一双鞋，我也知道是绝不会编成一个筐子的。'草鞋的相近，是因为天下人的脚都大致相同。口对于味道，有相同的嗜好，易牙就是先掌握了我们的共同嗜好的人。假如口对于味道，每个人都根本不同，就像狗、马与我们完全不同类一样，那么天下的人怎么会都喜欢易牙烹调出来的味道呢？一说

孟子

到口味,天下的人都期望做到易牙那样,这说明天下人的口味都是相近的。对耳朵来说也是这样,一提到音乐,天下的人都期望做到师旷那样,这说明天下人的听觉都是相近的。对眼睛来说也是这样,一提到子都,天下人没有人不认为他美的。不认为子都美丽的,是没有眼睛的人。所以说,口对于味道,有相同的嗜好;耳朵对于声音,有相同的听觉;眼睛对于容色,有相同的美感。一说到心,难道就偏偏没有相同的地方了吗?心相同的地方在哪里?在理,在义。圣人不过就是先掌握了我们内心相同的东西罢了。所以理义使我的心高兴,就像猪、狗、牛、羊肉使我觉得味美一样。"

告子章句上·第九节

孟子曰:"无或乎王之不智也,虽有天下易生之物也,一日暴之,十日寒之,未有能生者也。吾见亦罕矣,吾退而寒之者至矣。吾如有萌焉何哉?今夫弈③之为数④,小数也;不专心致志,则不得也。弈秋⑤,通国之善弈者也。使弈秋诲二人弈,其一人专心致志,惟弈秋之为听。一人虽听之,一心以为有鸿鹄⑥将至,思援弓缴⑦而射之,虽与之俱学,弗若之矣。为是其智弗若与?曰:非然也。"

注释

① 或:通"惑"。《管子·回称》:"擅创为令,迷或其君。"《墨子·备蛾传》:"夜半,而城上四面鼓噪,敌人必或。"这里或用为奇怪、疑惑之意。

② 暴:同"曝",曝晒之意。

③ 弈(yì):见《左传·襄公二十五年》"视君不如弈棋",《说文解字》"弈,围棋也",这里弈用为下棋之意。

④ 数:见《道德经》"多言数穷,不如守中",《商君书》"故为国之数,务在垦草",这里用为方法之意。

⑤ 弈秋:人名,古代一个善于下棋的人。

⑥ 鸿鹄:见《史记·陈涉世家》"鸿鹄之志",《说文解字》"鸿,鹄也",即天鹅,因飞得很高,所以常用来比喻志向远大的人。

⑦ 缴(zhuó):见《说文解字》"缴,生丝缕也",本意为系在箭上的生丝绳,这里代指箭。

译文

孟子说:"君王的不明智也没有什么奇怪的,即使是天下最容

孟子

易生长的植物，将它曝晒一天，冻十天，那也是没有能够生长的。我很少见到君王，我退出来后那些小人就到了，我即使萌发帮他的心又能怎么样呢？比如下棋，如今下棋只是一种技能，只是小技能而已；但如果不专心致志，也是学不到的。弈秋，是一个全国下棋的高手，如果让弈秋教两个人下棋，其中一人专心致志，就只听弈秋一个人讲课。另外一个人虽然在听课，但一心想象天鹅就要飞来，想拿起弓箭去射杀它，虽然也跟那人同时学，但却比不上那人。这是因为他的智力比不上吗？回答说，不是这样的。"

告子章句上·第十节

孟子曰："鱼，我所欲也；熊掌，亦我所欲也；二者不可得兼，舍鱼而取熊掌者也。生，亦我所欲也；义，亦我所欲也；二者不可得兼，舍生而取义者也。生亦我所欲，所欲有甚于生者，故不为苟①得也；死亦我所恶，所恶有甚于死者，故患有所不辟也。如使人之所欲莫甚于生，则凡可以得生者，何不用也？

使人之所恶莫甚于死者,则凡可以辟患者,何不为也?由是则生而有不用也,由是则可以辟患而有不为也。是故所欲有甚于生者,所恶有甚于死者。非独贤者有是心也,人皆有之,贤者能勿丧耳。

一箪食,一豆②羹,得之则生,弗得则死。嘑③尔而与之,行道之人弗受;蹴④尔而与之,乞人不屑也。万钟⑤则不辩礼义而受之。万钟于我何加焉?为宫室之美、妻妾之奉、所识穷乏者得⑥我与?乡⑦为身死而不受,今为宫室之美为之;乡为身死而不受,今为妻妾之奉为之;乡为身死而不受,今为所识穷乏者得我而为之,是亦不可以已乎?此之

孟子

wèi shī qí běn xīn

谓失其本心。"

注　释

①　苟：见《礼记·曲礼上》"临财毋苟得"，这里用为随便之意。

②　豆：甲骨文字形，形似高脚盘，或有盖。《说文解字》："豆，古食肉器也。"豆本义是指古代一种盛食物的器皿，新石器时代晚期开始出现，盛行于商周时，多陶制，也有青铜制或木制涂漆的，后世也作礼器。这里豆用为器皿之意。

③　嘑(hū)：见《史记·滑稽列传》"嘑河伯妇来"，《广韵》"嘑，唤也"，这里用为大声呵斥、吆喊之意。

④　蹴(cù)：见《说文解字》"蹴，蹑也"，这里用为踩踏之意。

⑤　万钟：指俸禄很多。钟：古代的计量单位。

⑥　得：通"德"，动词，指感激。

⑦　乡：同"向"，以往，向来。

译　文

孟子说："鱼，是我想要的；熊掌，也是我想要的；但这两样东西不可能同时得到，那么就舍弃鱼而要熊掌。生命，是我想要的；道义，也是我想要的；但这两样东西不可能同时得到，那就舍弃生命而选择道义。生命是我想要的，但我想要的还有超过生命的东西，所以绝不苟且偷生。死亡亦是我所厌恶的，但还有比死亡更厌恶的，所以有的祸害我不躲避。如果使人们所想要的不超过生命，那么所有求生的手段，有何不可用呢？如果使人们所厌恶的不超过死亡,那么凡是可以生存的手段,有什么不能用呢?由此有能生存的手段却不去用,由此得以避开灾害的事情却不去做,是因为所想要的超过了生命,所厌恶的超过了死亡。不仅贤能的人有这样的心思,人人都有,只不过贤能的人没有丧失本性。

一小筐饭、一小碗汤,得到它就可以生存,得不到就会死去,大声呼喝着给予,即使饥饿的路人都不会接受;践踏过再给人,连乞丐都不屑一顾。万钟的厚禄如果不辨别是否合乎礼义就接受,这万钟的厚禄对我有什么好处呢?为了宫室的华美,为了妻妾的侍奉,为了认识的穷困的人对自己心怀感激吗?过去宁愿身死都不接受,如今为了宫室的华美而为之;过去宁愿身死都不接受,如今为了妻妾的侍奉而为之;过去宁愿身死都不接受,如今为了认识的穷困的人对自己的感激而为之。这些事难道不该停止吗?这就叫作丧失了人的本性。"

告子章句上·第十八节

孟子曰:"仁之胜不仁也,犹水胜火。今之为仁者,犹以一杯水救一车薪之火也;不熄,则谓之水不胜火,此又与于不仁之甚者也,亦终必亡而已矣。"

译 文

孟子说:"仁能战胜不仁,就好比是水能胜过火一样。现在推行仁的人,就好比是用一杯水去救一车着火的柴火;火不熄灭,就说水不能扑灭火,这等于助长了不仁的人的气势,仅存的最后一点点仁也会消失的。"

告子章句上·第二十节

孟子曰:"羿之教人射,必志于彀①;学者亦必志于彀。大匠诲人,必以规矩;学者亦必以规矩。"

注 释

① 彀(gòu):见《管子·小称》"羿有以感弓矢,故彀可得而中也",《说文解字》"彀,张弩也",这里用为张满弓之意。

译 文

孟子说:"羿教人射箭,一定要射者把弓拉满;学射箭的人也一定要把弓拉满。高明的工匠教人必定要用规和矩,学习的人也一定依循规矩。"

告子章句下 · 第六节

淳于髡[1]曰:"先名实者,为人也;后名实者,自为也。夫子在三卿[2]之中,名实未加于上下而去之,仁者固如此乎?"

孟子曰:"居下位,不以贤事不肖者,伯夷也;五就汤,五就桀者,伊尹也;不恶污君,不辞小官者,柳下惠也。三子者不同道,其趋一也。一者何也?曰:仁也。君子亦仁而已矣,何必同?"

曰:"鲁缪公之时,公仪子[3]为政,子柳[4]、子思为臣,鲁之削也滋甚。若是乎,贤者之无益于国也!"

曰:"虞不用百里奚而亡,秦穆公用之而

霸。不用贤则亡,削何可得与?"

曰:"昔者王豹⑤处于淇,而河西善讴;绵驹⑥处于高唐,而齐右善歌;华周⑦、杞梁⑧之妻善哭其夫,而变国俗。有诸内必形诸外。为其事而无其功者,髡未尝睹之也。是故无贤者也,有则髡必识之。"

曰:"孔子为鲁司寇,不用,从而祭,燔肉不至,不税⑨冕而行。不知者以为为肉也。其知者以为为无礼也。乃孔子则欲以微罪行,不欲为苟去。君子之所为,众人固不识也。"

注 释

① 淳于髡(kūn):人名,战国时期齐国学者,以博学著称。

② 三卿:指上卿、亚卿、下卿。卿是古代高级官员或爵位的称谓。

③ 公仪子:人名,鲁国博士。

④ 子柳:人名,即泄柳。

⑤ 王豹：人名，卫国人，著名歌唱家。

⑥ 绵驹：人名，齐国人，著名歌唱家。

⑦ 华周：人名，齐国大夫。

⑧ 杞梁：人名，齐国大夫。此二人在齐国和莒国的战争中死亡。

⑨ 税：通"脱"。《左传·成公九年》："郑人所献楚囚也，使税之。"《吕氏春秋·慎大》："乃税马于华山，说收于桃林。"这里税用为"脱"，也有解脱之意。

译　文

淳于髡说："首先注重名位实质的，是为了造福百姓；尔后注重名位实质的，是独善其身。先生你在三卿位上，上辅居王下济百姓的功业名誉还没有建立就离去，仁者都是这样的吗？"

孟子说："居在较低的职位，不以贤能侍奉不成器的人，是伯夷这类人。五次服务于商汤，五次服务于夏桀，是伊尹这类人。不厌恶昏庸的君主，不推辞小官之位，是柳下惠这类人。这三个人人生道路不同，但目标是一样的。这一样的目标是什么呢？就是仁吧。君子只要有仁德就可以了，何必要走同样的道路？"

淳于髡说："鲁缪公的时候，公仪子执政，子柳、子思做大臣。可是鲁国削弱得很严重。像这样的情况贤能者对于国家没有什么益处。"

孟子说："虞国当年不用百里奚后来就灭亡了，秦穆公重用百里奚后就成了霸主。不用贤能就灭亡，何止是削弱？"

淳于髡说："从前王豹住在淇水附近，而河西的人都善于唱歌。绵驹住在高唐，而齐国西部的人们都善于唱歌。华周、杞梁的妻子

孟子

因为哀哭她们的丈夫,从而使国家的风俗改变。内在有什么内容,外在就会表现出来。做某件事情而没有功效,我从来没有见过。所以说齐国没有贤能的人,如果有,我必然认识。"

孟子说:"孔子做了鲁国的司寇,不被重用,跟随国君去祭祀,祭祀的肉也没有得到,于是不脱帽子就离开了。不知者以为孔子是为了一块祭祀的肉,知道内情的人则认为这祭祀不符合社会行为规范。而孔子本人想以承担轻微的罪而离开,不愿意随便离去。君子的所作所为,本来一般人就很难明白。"

告子章句下·第十一节

白圭曰:"丹之治水也愈于禹。"

孟子曰:"子过矣。禹之治水,水之道也。是故禹以四海为壑,今吾子以邻国为壑。水逆行谓之洚水。洚水者,洪水也,仁人之所恶也。吾子过矣。"

译　文

白圭说:"我治水患的水平,要超过禹。"

孟子说:"你错了。大禹治水,是遵循水的本性,所以大禹使水流注于四海。如今先生你却把邻国当作蓄水的沟壑。水逆向而行，就称之为洚水，所谓洚水，就是洪水，是爱民的人所厌恶的。你搞错了。”

告子章句下·第十二节

mèng zǐ yuē　jūn zǐ bú liàng　wū hū zhí
孟子曰：“君子不亮①，恶乎执？”

注释

① 亮：同“谅”，诚信。

译文

孟子说：“君子不讲信用，怎么能够有操守呢？”

告子章句下·第十五节

mèng zǐ yuē　shùn fā yú quǎn mǔ zhī zhōng　fù yuè　jǔ　yú
孟子曰：“舜发于畎亩之中，傅说①举②于

bǎn zhù zhī jiān　jiāo gé　jǔ yú yú yán zhī zhōng　guǎn yí wú　jǔ
版筑之间，胶鬲③举于鱼盐之中，管夷吾④举

yú shì　sūn shū áo　jǔ yú hǎi　bǎi lǐ xī　jǔ yú shì　gù
于士，孙叔敖⑤举于海，百里奚⑥举于市。故

tiān jiāng jiàng dà rèn yú shì rén yě　bì xiān kǔ qí xīn zhì　láo qí
天将降大任于是人也，必先苦其心志，劳其

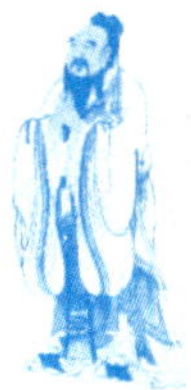

筋骨，饿其体肤，空乏其身，行拂⑦乱其所为，所以动心忍性，曾⑧益其所不能。人恒过，然后能改；困于心，衡于虑，而后作；征于色，发于声，而后喻。入则无法家拂士⑨，出则无敌国外患者，国恒亡。然后知生于忧患而死于安乐也。"

注　释

① 傅说：人名，其原在傅岩地方做建筑工人，为人筑墙，殷王武丁访寻他，用为宰相。

② 举：见《左传·襄公三年》"建一官而三物成，能举善也"，这里用为选拔、举荐之意。

③ 胶鬲：人名，周文王把他举荐给纣，后来他又辅佐周武王。

④ 管夷吾：即管仲，一称管敬仲，名夷吾，字仲，齐颍上（颍水之滨）人，春秋时齐国著名的政治家、思想家，出身微贱，辅佐齐桓公实行了一系列重大的政治和社会改革，使齐桓公成为春秋时期第一个霸主。

⑤ 孙叔敖：人名，楚庄王令尹，原隐居在海边。

⑥ 百里奚：人名，虞国大夫，虞灭后被转卖到楚国，秦穆公听说

他有贤才,遂以五张羊皮的代价将他赎出,任命他为秦国大夫。在他的辅佐下,秦穆公成就了春秋霸业。

⑦ 拂:见《礼记·大学》"是谓拂人之性",这里用为违背之意。

⑧ 曾:"增"的本字,这里用为增加之意。

⑨ 拂士:同"弼士",辅弼的贤士。

译 文

孟子说:"舜原在历山耕地被尧起用而发展,傅说原在傅岩地方做建筑工人而被选拔,胶鬲从贩卖鱼盐的商人中被选拔上来,管夷吾从狱官里被释放、选拔出来,孙叔敖从海边隐居时被起用,百里奚从交易场所被选拔。所以,上天要让某个人担负重任,必定先要让他的心志受苦,让他的筋骨劳累,让他的身体挨饿,让他穷困,所有的行为不会如意,这就可以撼动他的心灵和磨炼他的性格,使他增长才干弥补不足。人经常有过错,才能够改正。心灵被困,思虑被塞,而后才有所作为。显露于形貌、流露于言谈才能被人了解。一个国家如果没有执法的严臣和辅弼的谏臣,没有抗衡的敌国和外来的忧患,这个国家容易会消亡。由此才能知道人会在忧患中生存,而会在安乐之中死亡的道理。"

尽心章句上 · 第九节

mèng zǐ wèi sòng gōu jiàn yuē zǐ hào yóu hū wú yù
孟子谓宋勾践曰:"子好游乎?吾语
zǐ yóu rén zhī zhī yì áo áo rén bù zhī yì áo áo
子游。人知之,亦嚣嚣③;人不知,亦嚣嚣。"

曰:"何如斯可以嚣嚣矣?"

曰:"尊德乐义,则可以嚣嚣矣。故士穷④不失义,达不离道。穷不失义,故士得己焉;达不离道,故民不失望焉。古之人,得志,泽加于民;不得志,修身见于世。穷则独善其身,达则兼善天下。"

注 释

① 勾践:人名。

② 游:这里用为游说、宣扬之意。

③ 嚣(áo):通"敖"。《孟子·万章上》:"嚣嚣然曰。"这里嚣嚣用为自得其乐之意。

④ 穷:政治上不得志,与下文的"达"相对。

译 文

孟子告诉宋勾践说:"你喜欢游说各国的君主吗?我告诉你怎样游说。有人理解你,你自得其乐;有人不理解你,你也自得其乐。"

宋勾践说:"怎么样才能做到自得其乐呢?"

孟子说:"崇尚德,喜爱义,就可以自得其乐了。所以读书人再穷困也不要丧失义,发达了也不偏离道。穷困时不要丧失义,所以读书人能守住自己的本性。发达了也不偏离道,所以人民不会对他失望。古时候的人,如果得志,就会惠泽万民;如果不得志,就修养自身以现于世间。穷困时独自修养自身,发达时兼顾善养天下万民。"

 尽心章句上·第十四节

mèng zǐ yuē　　rén yán bù rú rén shēng zhī rù rén shēn yě　shàn
孟子曰:"仁言不如仁声之入人深也,善
zhèng bù rú shàn jiào zhī dé mín yě　　shàn zhèng　mín wèi zhī　shàn jiào
政不如善教之得民也。善政,民畏之;善教,
mín ài zhī　　shàn zhèng dé mín cái　shàn jiào dé mín xīn
民爱之。善政得民财,善教得民心。"

译　文

孟子说:"仁德的言语不如仁德的声望那样深入人心,好的政令不如好的教育那样赢得民心。好的政令,百姓畏服;好的教育,百姓喜爱。好的政令得到百姓的财富,好的教育得到百姓的心。"

 尽心章句上·第二十节

mèng zǐ yuē　　jūn zǐ yǒu sān lè　ér wàng tiān xià bù yǔ cún
孟子曰:"君子有三乐,而王天下不与存

焉。父母俱存，兄弟无故，一乐也。仰不愧于天，俯不怍①于人，二乐也。得天下英才而教育之，三乐也。君子有三乐，而王天下不与存焉。"

注释

① 怍(zuò)：见《论语·宪问》"其言之不怍，则为之也难"，《说文解字》"怍，惭也。从心，作省声"，这里用为惭愧之意。

译文

孟子说："君子有三种快乐，但称王天下不在这当中。父母双亲都在，兄弟姐妹都平安，这是一种快乐；上无愧于天，下无愧于人，这是第二种快乐；得到天下的优秀人才并教育他们，这是第三种快乐。君子有了这三种快乐，但称王天下不在这当中。"

尽心章句上·第二十四节

孟子曰："孔子登东山而小鲁，登泰山而小天下。故观于海者难为水，游于圣人之门者难为言。观水有术,必观其澜。日月有明,容光②必照焉。流水之为物也,不盈科不行;君子之志于道也,不成章③不达。"

注　释

① 山:蒙山,在今山东蒙阴县南。
② 容光:指能够容纳光线的小缝隙。
③ 成章:见《说文解字》解释"乐竟为一章",由此引申,指事物达到一定阶段或有一定规模。

译　文

孟子说:"孔子登上东山,就觉得鲁国变小了;登上泰山,就觉得整个天下都变小了。所以看过大海的人,便难以被其他水所吸引了;在圣人门下学习过的人,便难以被其他言论所吸引了。看水有一定的方法,一定要观看它壮阔的波澜。太阳、月亮有光辉,不放过每条小缝隙;流水有规律,不把坑坑洼洼填满不向前流;君子立志于道,不到一定的程度不能通达。"

尽心章句上·第二十七节

孟子曰:"饥者甘食,渴者甘饮,是未得饮

孟子

食之正也，饥渴害之也。岂惟口腹有饥渴之害？人心亦皆有害。人能无以饥渴之害为心害，则不及人不为忧矣。"

译 文

孟子说："饥饿的人觉得任何食物都是美味的，干渴的人觉得任何饮料都是甘甜的。他们不能够品出饮料和食物的正常滋味，是由于饥饿和干渴的妨害。难道只有嘴巴和肚子有饥饿和干渴的妨害吗？心灵也同样有妨害。一个人能够不让饥饿和干渴那样的妨害去妨害心灵，那就不会以自己不及别人为忧虑了。"

尽心章句上·第四十节

孟子曰："君子之所以教者五：有如时雨化之者，有成德者，有达财①者，有答问者，有私淑艾②者。此五者，君子之所以教也。"

注 释

① 财：通"材"。

②淑：通"叔"，拾取。艾（yì）：同"刈"，取。也就是说，淑、艾同义，"私淑艾"也就是"私淑"，意为私下拾取，指不是直接作为学生，而是自己仰慕而私下自学的。这也就是所谓"私淑弟子"的意思。

译 文

孟子说："君子教育人的方式有五种：有像及时雨一样滋润化育的，有成全品德的，有培养才能的，有解答疑问的，有以学识风范感化他人使之成为私淑弟子的。这五种，就是君子教育人的方式。"

孟子曰："尽信《书》①，则不如无《书》。吾于《武成》，取二三策而已矣。仁人无敌于天下。以至仁伐至不仁，而何其血之流杵也？"

注 释

① 书：指《尚书》。《武成》是《尚书》中的一篇文章。

译 文

孟子说："一味地相信《尚书》，还不如没有《尚书》。我对于《武成》这篇文章,只不过取其中的二三个道理罢了。能爱民的人无敌于天下,以最仁的征伐最不仁的,怎么会血流成河把舂米的木棒都漂起来呢?"

尽心章句下·第十四节

孟子曰:"民为贵,社稷①次之,君为轻。是故得乎丘②民而为天子,得乎天子为诸侯,得乎诸侯为大夫。诸侯危社稷,则变置。牺牲既成,粢③盛既洁,祭祀以时,然而旱干水溢,则变置社稷。"

注 释

① 社稷:见《孟子·离娄章句上》"诸侯不仁,不保社稷",《史记·陈涉世家》"将军身被坚执锐,伐无道,诛暴秦,复立楚国之社稷,功宜为王"。土神和谷神是古时君主祭祀的社和稷,后来就用社稷代表国家。

② 丘:见《释名·释州国》"丘,聚也",这里用为聚居之意。

③ 粢(zī):见《玉篇》"粢,稷米也",这里用为古代供祭祀用的谷物之意。

译　文

孟子说:"人民最为宝贵,土神和谷神次要,君主为轻。因此得到万民拥戴就可以成为天子,得到天子承认的就可以成为诸侯,得到诸侯信任的就可以成为大夫。诸侯危害社稷国家,就另外改立。用作祭祀的牛、羊、猪已经长成,用作祭祀的粮食已经洁净,就按时祭祀,但仍发生旱灾、水灾,那么就另外改换土神和谷神。"

尽心章句下·第二十三节

齐饥。陈臻曰:"国人皆以夫子将复为发棠①,殆不可复。"

孟子曰:"是为冯妇②也。晋人有冯妇者,善搏虎,卒为善士。则之野,有众逐虎。虎负③嵎④,莫之敢撄⑤。望见冯妇,趋而迎之。冯妇攘臂下车。众皆悦之,其为士者笑之。"

注　释

①棠:地名,齐国的一个城邑,在今山东即墨县境内。

② 冯妇：男人名，姓冯名妇，晋国人。

③ 负：见《庄子·逍遥游》"背负青天而莫之夭阏者"，这里用为"依靠、凭借"之意。

④ 嵎(yú)：见《字汇·山部》"嵎，山曲曰嵎"，这里用为山势弯曲险阻的地方之意。

⑤ 撄：见《正字通·手部》"撄，触也，迫近也"，这里用为接触、触犯之意。

译 文

齐国闹饥荒，陈臻说："国内的人都以为你还会再一次劝齐王打开棠邑仓库救济灾民，你大概不会再这样做了吧。"

孟子说："那就成冯妇了。晋国有个人叫冯妇，青年时善于跟虎搏斗，老年时成为很善良的读书人（不再打虎）。一次他到郊外，有很多人在追逐一只老虎。老虎凭借着山势弯曲险阻的地方，没有人敢去触犯。众人看见冯妇来了，都上前迎接。冯妇挽起袖子下车，大家都很高兴，可是作为士的那些人却在讥笑他。"

尽心章句下·第三十二节

mèng zǐ yuē yán jìn ér zhǐ yuǎn zhě shàn yán yě shǒu yuē ér
孟子曰："言近而指远者，善言也；守约而
shī bó zhě shàn dào yě jūn zǐ zhī yán yě bú xià dài ér dào
施博者，善道也。君子之言也，不下带而道
cún yān jūn zǐ zhī shǒu xiū qí shēn ér tiān xià píng rén bìng shě
存焉。君子之守，修其身而天下平。人病舍

其田而芸人之田，所求于人者重，而所以自任者轻。"

注 释

① 带：见《墨子·兼爱中》"肱息然后带，扶墙然后起"，《广雅·释诂三》"带，束也"，这里用为束缚之意。

译 文

孟子说："言语浅近而意义深刻的，是善言；操守简要而影响深远的，是善道。君子所说的话，说的都是常听的话，但道理却蕴含其中；君子的操守，修养自身而能使天下太平。人的毛病是舍弃自己的田地而去耕耘别人的田地，要求别人的很重，而自己担负的却很轻。"

尽心章句下·第三十四节

孟子曰："说大人，则藐之，勿视其巍巍然。堂高数仞，榱题数尺，我得志，弗为也；食前方丈，侍妾数百人，我得志弗为也；般乐饮酒，驱骋田猎，后车千乘，我得志弗为也。在彼者，皆我所不为也；在我者，皆古之制也，吾何畏彼哉？"

注释

① 榱(cuī)：椽，放在檩上支持屋面和瓦片的木条。《左传·襄公三十一年》："栋折榱崩。"《新序·杂事四》："仰见榱栋，俯见几筵。"这里榱用为屋檐之意。

② 般乐：般通"班"。《孟子·公孙丑上》："般乐怠敖，是自求祸也。"这里般乐用为尽情作乐之意。

译文

孟子说："向诸侯进言，我则很藐视他，我根本不看他们那高高在上的傲气。堂高两三丈，屋檐宽几尺，我如果得志，不会这样去做。吃饭时面前有一丈见方的大桌子，旁边侍候的奴妾有几百人，我如果得志，不会这样去做。饮酒享乐，骑马在田野上打猎，后面跟随着兵车千乘，我如果得志，不会这样去做。在他们认为快乐的事情，都是我所不愿意作为的；在我所认为快乐的，都符合古代制度，我为什么要畏惧他们呢？"

尽心章句下·第三十六节

曾皙①嗜羊枣，而曾子不忍食羊枣。公

孙丑问曰:"脍炙与羊枣孰美?"

孟子曰:"脍炙哉!"

公孙丑曰:"然则曾子何为食脍炙而不食羊枣?"

曰:"脍炙所同也,羊枣所独也。讳名不讳姓,姓所同也,名所独也。"

注 释

① 曾晳:曾点,曾参的父亲,亦是孔子的学生;姓曾,名点,字子晳,春秋末鲁国南武城(原属山东费县,现属平邑县)人。

译 文

曾晳爱吃羊枣,而曾子却不忍心吃羊枣。公孙丑问道:"烤肉和羊枣哪一种好吃?"

孟子说:"当然是烤肉。"

公孙丑说:"那么曾子为什么吃烤肉而不吃羊枣呢?"

孟子说:"烤肉是人人都爱吃的,羊枣却只是个别人爱吃。正像避讳时只讳名不讳姓一样,姓是很多人共有的,而名是一个人独有的。"

孟子

打造学术精品　服务教育事业
河南大学出版社
读者信息反馈表

尊敬的读者：

感谢您购买、阅读和使用河南大学出版社的_____一书，我们希望通过这张小小的反馈表来获得您更多的建议和意见，以改进我们的工作，加强我们双方的沟通和联系。我们期待着能为您和更多的读者提供更多的好书。

请您填妥下表后，寄回或发 e-mail 给我们，对您的支持我们不胜感激！

1. 您是从何种途径得知本书的：
   □书店　□网上　□报刊　□图书馆　□朋友推荐

2. 您为什么决定购买本书：
   □工作需要　□学习参考　□对本书感兴趣　□随便翻翻

3. 您对本书内容的评价是：
   □很好　□好　□一般　□差　□很差

4. 您在阅读本书的过程中有没有发现明显的专业及编校错误，如果有，它们是：
   _____
   _____

5. 您对哪一类的图书信息比较感兴趣：_____
   _____

6. 如果方便，请提供您的个人信息，以便于我们和您联系（您的个人资料我们将严格保密）：
   您供职的单位：_____
   您教授的课程（老师填写）：_____
   您的通信地址：_____
   您的电子邮箱：_____

请联系我们：
电话：0371-86059712　0371-86059713　0371-86059715
传真：0371-86059713
通讯地址：河南省郑州市郑东新区 CBD 商务外环路商务西七街中华大厦 2412 室
河南大学出版社高等教育与职业教育出版分社